AF603831

Ugo Di Tullio

Le requisizioni di Giorgio La Pira

Analisi storico – giuridica

il glifo ***ebooks***

ISBN: 9788897527053
Prima edizione: gennaio 2012

Indice

Nota alla nuova edizione

Torno a pubblicare questo studio senza cambiare nulla rispetto all'edizione del 1987: da un lato questa ricerca avrebbe potuto estendersi sino a investire tutta la tematica del fondamento giuridico del diritto soggettivo alla sicurezza sociale, che nei nostri giorni è in crisi, forse di crescita. Da un altro lato, si sarebbe potuto estenderla a indagare il rapporto tra la forte razionalità e la capacità di aggregare uomini e volontà che quel "pazzo di Dio" che fu Giorgio La Pira seppe rendere ancelle di una fede che trascendeva ogni qualità mondana.

Ma preferisco ridare semplicemente vita alla documentazione e alla mia vecchia analisi in termini giuridici, sempre valida, di una catena di episodi della costruzione della legalità nuova nella nostra Repubblica: le requisizioni con cui La Pira, accorto e geniale nel valutare momenti e opportunità, volle risolvere un problema contingente e inderogabile, quello di assicurare tetto e reddito a tante famiglie, e assieme fare un passo avanti nella concezione nuova dei diritti umani fondamentali: che comprendono in sé l'affrancamento dalla povertà.

Rinnovo il ringraziamento per la collaborazione alla Fondazione La Pira e all'ufficio Affari Legali del Comune di Firenze, e ricordo la dottoressa Fioretta Mazzei, che purtroppo non è più tra noi, senza la cui collaborazione a suo tempo questa ricerca non si sarebbe potuta completare.

Firenze, Gennaio 2012

Introduzione

dom Helder Camara:
"guadagneremo a leggere La Pira, ad ascoltarlo"

A più di una generazione da quel sabato senza vespri che ne concluderà l'avventura terrena, Giorgio La Pira fa ancora discutere tanta è la complessità della sua persona e del suo agire.

Uomo politico o discepolo di Dio? Giurista o filosofo? Sono interrogativi che, basati sull'alternatività, richiedono una risposta molto meditata, ma forse sono mal posti: forse veramente La Pira è un esempio di sintesi armonica di tutto quanto ci siamo chiesti.

E la sensazione di questa sintesi si avverte anche soltanto prendendo in esame un momento della sua poliedrica attività: le requisizioni operate a Firenze, o minacciate, nel corso della prima amministrazione civica da lui guidata. Per La Pira la requisizione, e lo vedremo meglio in seguito, è uno strumento da usarsi in base al valore che si dà alla legge, se e in quanto la legge è essa stessa un valore qualora sia fondata e finalizzata sulla libertà così come la intendevano Sant'Agostino e San Tommaso. Dirà nel 1945 alla settimana sociale dei cattolici: "...Una libertà non "orientata" da principi superiori di etica, non ancorata a norme inviolabili di socialità e giustizia..." è una libertà "...disforme dal vero fine dell'uomo e della società: perché la libertà umana – alla tutela della quale l'ordine giuridico deve mirare – non consiste in un'autonomia assoluta: essa è ancorata ad una legge che è intrinseca all'uomo – legge naturale – e che non deve essere violata. La libertà vera consiste in una adesione a questa legge naturale, rifrazione nell'uomo della legge eterna[1]...". Da questo concetto il criterio ispiratore della sua politica amministrativa: "...Senza la tutela dei diritti sociali – diritto al lavoro, al riposo, all'assistenza, ecc. – la libertà e l'indipendenza delle persone non sono effettivamente garantite[2]...".

In queste parole dunque si può scorgere un segno di quella sintesi cui si era fatto riferimento.

---

[1] Costituzione e Costituente; atti della XIX settimana sociale dei cattolici, Firenze, 22–28 ottobre 1945.

[2] "I diritti civili nella nuova Costituzione" (*Studium*, gennaio 1947).

Successivamente in La Pira si rafforza il trinomio legge – valore–libertà e, ancora forte dell'esperienza costituente, al congresso dei laureati cattolici del gennaio 1948 svolgerà una relazione oggi inedita e sconosciuta, sul tema "La legalità come garanzia di libertà e verità[3]" nella quale arriva ad affermare che la legalità addirittura "crea" la libertà e ne garantisce l'applicazione. Cosa intendesse il La Pira sindaco per legalità è appunto ciò che cercheremo di capire attraverso lo studio storico–giuridico delle "sue" requisizioni alla luce proprio di quanto si sostiene nella citata relazione, ampia piattaforma e ulteriore chiave di lettura del suo modo di concepire lo Stato e l'azione dei suoi organi.

Oggi probabilmente il pensiero di La Pira appare più chiaro in quanto possiamo interpretarlo con l'esperienza di due generazioni anni di storia e di diritto. Ma negli anni '50 le istituzioni repubblicane erano ancora in via di definizione e di consolidamento, e il tessuto sociale stava prendendo appena contatto con la ritrovata libertà dopo vent'anni di fascismo.

Sotto l'aspetto istituzionale gli amministratori centrali e locali e la stessa giustizia si trovarono a dover sottostare a leggi nate in contesti molto diversi: il pre–fascismo, il fascismo e la Repubblica, quest'ultima basata sul pilastro della Costituzione che era ancora tutto da scoprire e da capire. Difficile era dunque muoversi sempre nel doppio binario del giusto e secondo la legge. Ancor più difficile era il compito dei responsabili del governo locale, che in ragione del loro ufficio entravano in contatto col problema quotidiano spicciolo connesso al ridare dignità a un popolo uscito prostrato da una lunga dittatura e da una sanguinosa guerra: era giusto applicare quella legge a quel caso?

Sotto il profilo sociale si assiste invece al processo di concretizzazione di non pochi progetti ideologici, spesso in netta antitesi tra loro o addirittura in forme critiche rispetto al movimento che le aveva originate. Fra tutti spicca il movimento cattolico che sentì e risentì della compresenza delle due anime – si direbbe oggi – liberal–democratica e cattolico–popolare, quest'ultima in particolare accusata di simpatie sinistrorse per la sua attenzione alle istanze degli ultimi. Occorreranno circa dieci anni prima che il Concilio faccia un

[3] Vedi 1° capitolo.

po' di chiarezza e legittimi taluni atteggiamenti; del Concilio don Lorenzo Milani dirà: "sono stato scavalcato a sinistra". Ma questo, lo ripetiamo, dieci anni dopo.

Con intorno questo scenario, si trovò ad operare Giorgio La Pira, democristiano, quando nel 1951 fu chiamato alla carica di primo cittadino di Firenze, successore di un Fabiani, comunista, amato dalla popolazione. La città del giglio in breve tempo presentò al sindaco un conto non indifferente: oltre mille richieste di alloggio da parte di sfrattati, grosse fabbriche in procinto di chiudere con conseguente disoccupazione di migliaia di lavoratori che traevano dal salario l'unica fonte di sostentamento delle proprie famiglie.

In questo terreno La Pira sentiva il dovere di permeare le proprie convinzioni circa la funzione della legge degli uomini con il dettato della parola di Dio che è addirittura "la legge unica che deve orientare la totalità dell'azione umana[4]". La legge degli uomini deve avere come fine ultimo il rispetto della legge di Dio.

Ecco allora la lente che ci aiuta a leggere le requisizioni di La Pira: il ripristino della legge di Dio laddove è stata violata, il dar da mangiare agli affamati e un tetto a chi ne è privo. A costo di non essere capito, di andare controcorrente: Cristo lo capirono in pochi e certamente non seguì la corrente del tempo.

[4] Lettera a Costa, presidente della Confindustria, del 30–4–1954, in archivio "Fondazione La Pira".

1. Dal pensiero sulla legalità al proporzionamento del diritto alla realtà sociale

1.1. Il pensiero di La Pira sulla legalità in un discorso inedito[5]

Un'esposizione organica del suo pensiero sulla legalità viene fatta da Giorgio La Pira in occasione del convegno dei Laureati Cattolici Italiani tenutosi a Roma nel gennaio del 1948 sul tema: "Verità e Libertà". Si tratta di un intervento inedito, in quanto le riviste dell'epoca preferirono dare spazio ai discorsi di personaggi ritenuti più significativi come don Luigi Sturzo e l'assistente dei laureati cattolici mons. Adriano Bernareggi, né la bibliografia successiva mostra di conoscerlo[6].

Il tema specifico affrontato da La Pira è "La legalità come garanzia di libertà e verità", tutto sviluppato in un discorso di ampio respiro denso più di aspetti di teoria generale del diritto, che di profili più prettamente di diritto positivo: vi troviamo comunque il terreno nel quale matureranno le convinzioni sull'uso della legge che verranno alla ribalta nel 1951 nella relazione al III Convegno dei Giuristi cattolici e che vedremo concretizzate nei testi delle ordinanze di requisizione.

Vediamo dunque alcuni punti essenziali, rinviando alla lettura dell'allegato quanti intendano approfondire la ricca problematica filosofica.

Il discorso si apre con un richiamo alla cultura filosofico – giuridica "classica" che serve al Nostro per entrare subito nel vivo: "un testo di Aristotele... commentato da San Tommaso, nei Politici... diceva così: l'uomo vuol essere governato dalla legge e non dall'uomo. Quindi affermava il principio della legalità, cioè il fondamento di tutto l'ordinamento giuridico, e la certezza del diritto, vale a dire questo sistema che predetermina gli spazi giuridici della persona umana. In parole povere... i confini del mio spazio giuridico". Per La Pira il valore della legalità, intesa come sicuro spazio giuridico, è determinante, intorno ad esso si costruiscono la libertà dell'uomo e il

[5] Integralmente riportato nell'allegato n. 1.

[6] La rivista "Coscienza" del 20.1.1948 dà notizia della relazione, a noi fornita dalla dr.ssa F. Mazzei, senza però riportarne il testo.

regime degli Stati: "...la determinazione dello spazio giuridico... è il punto ineliminabile per la garanzia della libertà dell'uomo... – uno stato è totalitario quando viola il principio dello spazio giuridico riservato ad ogni uomo –", e infatti "una volta che l'ordinamento giuridico... ha definito lo spazio entro cui io posso muovermi... la mia libertà entro quei confini è garantita. Quindi: la legalità è garanzia della libertà".

Come si vede La Pira ha già messo in risalto in tutta la sua dimensione il ruolo che in proposito svolge l'ordinamento giuridico, un ruolo che subito chiarisce elaborando un concetto che riprenderà in altre occasioni: "l'ordinamento giuridico è come la maschera che si mette ad un organismo, è un sistema di norme che rispecchia e riveste una realtà determinata. Quindi come fate voi a organizzare il sistema giuridico, a costruire questa maschera, a fare questo vestito, se non sapete esattamente quando è possibile, il corpo a cui il vestito va attagliato e a cui la maschera va posta?". Questa esigenza di 'sartoria' giuridica da parte dell'ordinamento sarà una costante del suo agire mediante le requisizioni e che in seguito vedremo ampiamente; ci limitiamo qui ad anticipare un passaggio di un discorso tenuto durante i fatti della Pignone, allo scopo di dare subito un'idea di quanto abbiamo affermato: "quando eravamo deputati alla Costituente avevamo fatto un "modello" per impedire che fatti come quelli della Ducati e della Pignone si avverassero. Ma abbiamo fatto soltanto il modello: non s'è fatto ancora il vestito, e il vestito che abbiamo va in pezzi, è tutto toppe (...) ed è un vestito che va cambiato".

Ritornando all'analisi sull'ordinamento giuridico La Pira analizza la dimensione della libertà all'interno di questo. "Libertà in senso giuridico è quel che dice un giurista romano: *naturalis facultas* di fare quelle cose *quod facere libet nisi vi aut jure prohibeatur*: – Fare ciò che si vuol fare però nell'ambito dell'ordinamento giuridico". Per La Pira nasce a questo punto una questione di genesi: "chi crea la libertà giuridica?" alla quale egli dà una risposta che fa trasparire un pensiero orientato sul legame tra positivismo e diritto naturale: "I positivisti hanno ragione quando vi dicono: è una libertà riflessa... È un fenomeno riflesso dell'ordinamento giuridico, il quale funziona come funziona nel mondo fisico il complesso delle leggi; definisce le sfere e gli esseri si muovono nell'ambito di quelle sfere. L'ordinamento giuridico è un complesso di norme le quali hanno questa finalità, di predeterminare gli spazi giuridici e in conseguenza è generatore della libertà giuridica".

Il tentativo di delineare con certezza gli spazi del libero agire viene quindi arricchito da La Pira con la spiegazione della conseguente necessità che la Carta costituzionale predetermini non solo le libertà civili, ma anche gli organi legislativi, esecutivi e giudiziari perché occorre che tutte le norme, private e pubbliche, "siano fra loro così organicamente connesse da poter precisare matematicamente quali sono i fondamentali diritti della persona e gli atti illeciti che la persona non può giuridicamente commettere, gli atti giuridicamente illeciti che la persona non deve compiere per non violare l'ordinamento giuridico e per non provocarne la reazione".

Se tutto quanto detto permette la genesi della libertà giuridica, non si elimina però un rischio di fondo tale da mutare profondamente il modello che scaturisce dall'ordinamento. Infatti gli "ordinamenti giuridici da cui nasce la libertà giuridica che definiscono questi spazi, possono tutti essere malati alla base. Ci può essere qualche fondamento che urta la natura umana". A esempio di ciò viene preso in considerazione "l'ordinamento giuridico fondato sul concetto di libertà quale ha avuto la Russia o quale ha Marx, che... anche se avesse rispettato il principio della certezza del diritto, tuttavia ha un errore di fondo cioè appartiene a una specie che non è corrispondente alle esigenze intrinseche della libertà umana, perché parte da concetti errati di libertà umana". Per La Pira comunque non c'è che una strada per rispettare i fondamenti della natura umana e la sua libertà: il Cristianesimo, che "mostra la natura umana quale è... espansiva", determinando così proprio quella libertà naturale alla quale "il diritto deve proporzionarsi... per principio di verità".

1.2. L'intervento al III congresso dell'UGCI [7]

Al III congresso dei Giuristi Cattolici, viene affidato a La Pira il tema "Cristianesimo e Stato moderno" che egli affronta, come dice fin dall'inizio, "da un punto di vista assolutamente pratico" essendo il giurista diventato sindaco di Firenze e come tale portatore della grande diversità esistente fra principii costituzionali e legali da un lato e realtà sociale dall'altra, caratterizzata dai difficili problemi

[7] III Congresso UGCI. Roma novembre 1951.

della casa, del lavoro e dell'assistenza che si fecero sentire in tutta la loro portata negli anni del secondo dopoguerra.

Molto ci sarebbe da riflettere sull'ampio spazio che La Pira dedica ai doveri del cristiano impegnato in politica, e sul suo dover rispondere davanti a Dio e agli uomini delle proprie azioni, ma notoriamente la storiografia lapiriana è molto ricca in tal senso e poco si aggiungerebbe di nuovo.

Come però si anticipava nel precedente paragrafo, il discorso palesa anche uno sviluppo più pratico del rapporto tra legalità e ordinamento giuridico, quest'ultimo proiettato verso l'urgente necessità di costruire quella "maschera", quel "vestito", che calzino perfettamente alla realtà sociale, sollecitati, ma nel contempo limitati, dalla suprema legge che è la Costituzione.

Se il discorso sulla legalità si concludeva con l'affermazione di principio che il Cristianesimo mostra la natura "espansiva" dell'uomo, ora questa espansione assume concretezza e pone istanze perentorie: "gli Stati si costruiscono secondo questa norma, se vogliono reggere: entro la norma solidale la quale significa a tutti il lavoro, a tutti il pane, a tutti il minimo vitale, a tutti questo punto di partenza". Su queste fondamenta si dovrà costruire l'edificio statale e così "finalmente questa società terrestre ha un valore, un valore d'amore, un valore d'amore che si trascrive in istituti, perché come fate voi a costruire una società, ad ordinarla, senza le norme, sia pure elementari e semplici, che la ordinano, che diano allo Stato e agli Stati questa struttura universale e questa struttura solidale? Come fate? Ecco la politica, e quindi lo Stato, l'architettura".

Fatte perciò tali valutazioni di massima, il discorso va a terminare con una realistica analisi della situazione storica del momento che mette in luce il bisogno di rinnovare la "legalità", lo spazio giuridico: in questa analisi noi troviamo una relazione, una chiave di lettura – che utilizzeremo nei capitoli che seguono – con le requisizioni di Giorgio La Pira. "Il diritto è come il vestito: voi dovete proporzionarlo al corpo che esso è destinato a coprire. Quando questo diritto fa un vestito che non è proporzionato a questo scopo, succede la rivolta, si sfascia ogni cosa! Ora, il corpo sociale ha delle novità, perché il problema della disoccupazione mai prima si era conosciuto. Oggi, da venti anni a questa parte, questo problema è conosciuto. Del problema della casa prima nessuno ne parlava. Oggi è sorta, come punto di maturazione storica, frutto del cristianesimo, la persona umana che esprime esigenze nuove, un valore nuovo, ed esige un clima nuovo.

Oggi, lo Stato, questa architettura giuridica che è lo Stato non si proporziona più alla realtà sociale, quale direttamente o indirettamente l'Evangelo l'ha detta. Vi sono cose nuove, l'occupazione, la casa, i bisogni familiari, il pane. Non c'è niente da fare, sono cose nuove, e a queste cose nuove bisogna proporzionare un abito nuovo[8]".

Le prossime pagine confermeranno dunque come questo spirito viene mutuato nelle motivazioni che sono alla base delle requisizioni, e delle relative ordinanze, che interesseranno le case, la Pignone, la Fonderia delle Cure, l'Azienda del gas.

---

[8] La problematica sociale, qui esposta in sintesi da La Pira, è ampiamente affrontata in un famoso discorso pubblicato nel n. 1 del 1950 della rivista "Cronache sociali " intitolato "L'attesa della povera gente" che – per il contenuto decisamente "popolare" – dette luogo ad una serie di polemiche che però non modificarono minimamente il parere del Nostro, e anzi lo stimolarono ad insistere sulla necessità di intervenire per soddisfare i bisogni degli ultimi come si può rilevare dal suo "Difesa della povera gente" che la stessa rivista pubblicherà nel successivo numero 5–6.

2. Le requisizioni delle case

2.1. Il contesto politico e sociale[9]

I risultati delle elezioni del giugno 1951 e la conseguente giunta centrista guidata da Giorgio La Pira segnarono la fine dell'esperienza amministrativa dei social–comunisti fiorentini che dovranno aspettare circa un quarto di secolo – prima giunta Gabbuggiani, 1975 – prima di ritornare insieme al potere.

Il sindaco Fabiani poteva ascrivere a suo favore, nell'ambito di una politica a "indirizzo popolare", il risanamento del bilancio e l'avvio di numerose opere di ricostruzione, oltre alla personale simpatia che egli suscitava in larga parte della popolazione, anche politicamente distante: da qui l'esigenza della DC di candidare alla carica di primo cittadino un uomo che non rompesse traumaticamente col passato e sensibile alle istanze di quei tanti che più di ogni altro sopportavano la situazione originata dal recente conflitto.

In questo senso il programma di La Pira costituiva un vero e proprio impegno politico e morale, per sé e per i suoi assessori chiamati a "soddisfare i bisogni più urgenti degli umili, avviando a soluzione i problemi dei più poveri della città[10]" incontrando così il consenso di massima anche della minoranza di sinistra la cui opposizione verteva non tanto sugli obiettivi quanto sui metodi: più volte la sinistra accuserà la giunta di non avere un progetto organico da seguire e realizzare.

Ben diversamente si comportarono i partiti di minoranza di fronte al problema della casa, avallando in questo caso proprio il "metodo" lapiriano delle requisizioni: d'altra parte gli sfratti a catena procedevano necessariamente in tempi più veloci rispetto alla costruzione di case sia da parte dello Stato che del Comune, e non si potevano certo lasciare intere famiglie a cielo aperto in attesa di consegnare i quartieri dell'INA o quelli popolari che il Comune stava realizzando e meglio noti con la denominazione di "case minime".

---

[9] Le notizie sono riprese dalle cronache del giornale "Il Mattino" (poi divenuto "Il giornale del Mattino"), salvo diversa indicazione.

[10] TIZIANA BORGOGNI, *Cronistoria delle amministrazioni La Pira,* in "Testimonianze", aprile–luglio 1978.

Larga parte dell'opinione pubblica si schierò con il Sindaco quando questi, mediante l'"ufficio alloggi", fece uso dello strumento della requisizione in circa 100 casi; dure furono invece le reazioni da parte della borghesia opulenta e privilegiata[11], che vedeva intaccate le proprie colonne ideologiche, ben difesa dal giornale "La Nazione" particolarmente tagliente negli attacchi al Sindaco talvolta colorati d'ironia, tal altra meglio caratterizzati sul piano politico–giuridico. Valgano a conferma di quanto si è appena detto due articoli pubblicati il 30 gennaio 1955. Nel primo infatti, a proposito della venuta a conoscenza dell'ufficio alloggi di un villino lasciato libero da una signora che si era trasferita in altra casa, il giornale scrive testualmente: "... "il nemico" aveva messo in movimento il suo servizio di informazione, aveva "lanciato" i suoi agenti del "servizio segreto"...". Nel secondo il taglio è sicuramente di altro valore: requisendo "il professor La Pira si mette contro le leggi oggi in vigore in tema di proprietà edilizia, contro deliberazioni della magistratura, contro disposizioni interpretative emanate dal governo; e tende a riprodurre in Firenze un regime da commissariato degli alloggi, anzi un regime personale, avulso dal resto dello Stato italiano", paragonando così La Pira a una sorta di Capo dello Stato della Repubblica presidenziale fiorentina.

Di tutt'altro tenore era invece la linea dell'altro quotidiano fiorentino, "Il Mattino", che non solo aderì con convinzione alla politica del primo cittadino, ma addirittura ospitò con risalto gli articoli di "difesa" che La Pira scriveva di suo pugno. Famosa, a questo proposito, è rimasta una lettera pubblicata il 12 febbraio 1955 col titolo "Mi denunzieranno per gli sfrattati?" nella quale il Sindaco espone con chiarezza le idee–guida delle requisizioni: "...potrei dire agli sfrattati... state tranquilli, tra poco in seguito allo sblocco dei fitti il mercato si assesterà, i prezzi delle abitazioni... ribasseranno ed anche voi avrete una casa. Per intanto pazienza: andate in pace!" Ma "...la notte viene ogni giorno e la notte non rispetta né gli sfrattati né il sindaco che rifletta a lungo sulla legge comunale e provinciale: prima che scenda la notte un tetto deve essere assicurato a chi ne è privo". Come provvedere allora di fronte ad un'urgenza così

[11] Si tratta di un articolo pubblicato da "Il Mattino" del 18 agosto 1955 che fa trasparire chiaramente la critica del giornale alla borghesia privilegiata.

pressante? "È chiaro col solito provvidenziale strumento (perfettamente giuridico!) del decreto di requisizione =. che poi in fondo colpisce "ville vecchie disabitate da lungo tempo, alcune in stato di abbandono e di rovina!".

Ma "Il Mattino" non si limiterà ad ospitare gli scritti di La Pira, scenderà anche in campo a fianco del Sindaco intervenendo in prima persona, come nel caso della replica ad un articolo del direttore del "Giornale d'Italia" che porta avanti argomentazioni "di un'incredibile banalità" sulla base di una "ridicola tesi", tutto questo però per il giornale cattolico ha una chiara spiegazione: "...ormai non ci sono più limiti per chi si è votato a difendere le cause dei privilegiati con i bisogni della gente umile[12]".

2.2. Lettura critica dell'ordinanza di requisizione degli alloggi [13]

Il testo dei provvedimenti di requisizione – identico, salvo ininfluenti adattamenti, per tutti i casi – esprime la preoccupazione e la solidarietà dell'uomo e l'attenzione dell'amministratore Giorgio La Pira.

È l'uomo che ascolta la voce degli ultimi quello che assume in un'ordinanza il fatto che alcune famiglie "risultano essere assolutamente nell'impossibilità di procurarsi un quartiere od altra sistemazione per non avere i mezzi per pagare un fitto corrente al mercato libero anche per una sola camera"; è l'uomo avvocato degli indifesi quello che dà dignità ad episodi di protesta addirittura giustificati in chiave costituzionale: "...possono temersi fatti di intolleranza e di aperta ribellione, ritenuti giustificati dal fatto che innegabilmente la Costituzione dello Stato garantisce il diritto fondamentale del cittadino all'assistenza ed alla sicurezza individuale e familiare". Sono poche righe ma fondamentali, in esse ritroviamo il La Pira costituente, fermo nell'affermare non solo la tutela dei diritti dell'individuo, ma anche di quelli delle comunità. Significativo, in tal senso, un passo tratto dalla relazione "I diritti

---

[12] Il riferimento è ancora all'articolo pubblicato da "Il Mattino" del 18 agosto 1955.

[13] L'ordinanza è integralmente riportata nell'allegato n. 2.

civili nella nuova Costituzione"[14]: "...il sistema integrale dei diritti della persona esige, per essere davvero integrale, che vengano riconosciuti e protetti non solo i tradizionali diritti individuali di libertà civile e politica affermati nel 1789; non solo i diritti sociali affermati nelle nuove Carte costituzionali; ma anche i diritti essenziali delle comunità naturali, attraverso le quali gradualmente si svolge la personalità umana: i diritti del singolo vanno integrati con quelli della famiglia, della comunità professionale, religiosa, e così via[15]...". Tutto ciò perché – come dirà alcuni anni dopo – "il diritto è come il vestito" e deve essere "proporzionato al corpo che esso è destinato a coprire", ma "vi sono cose nuove, l'occupazione, la casa, i bisogni familiari, il pane... e a queste cose nuove bisogna proporzionare un abito nuovo", nei fatti però lo Stato, "questa architettura giuridica che è lo Stato, non si proporziona più alla realtà sociale[16]", è un sarto che ancora non si è accorto che bisogna tagliare un nuovo vestito. Queste righe non sono certo il presupposto logico delle requisizioni, ma sicuramente costituiscono l'humus all'interno del quale matura, tra l'altro, anche il contorno che delinea l'agire di La Pira in tema di problemi abitativi.

Ecco allora che il sindaco, quale responsabile della comunità locale, ha il dovere di provvedere a ristabilire quell'equilibrio che le "cose nuove" hanno fatto modificare cogliendo lo Stato impreparato, un dovere che non ha soltanto una motivazione etica, ma anche giuridica in quanto il sindaco è Ufficiale del Governo e in particolare, come dice il Sandulli, "è da considerare organo dell'Amministrazione dell'interno... nell'esercizio della vigilanza su tutto ciò che possa interessare l'ordine pubblico[17]": e sicuramente, per La Pira, la situazione e i conseguenti atti di protesta degli sfrattati (vedi ordinanza) alterano profondamente l'ordine pubblico.

Dunque occorre intervenire, utilizzando nel miglior modo possibile quegli strumenti che il sindaco ha a disposizione, dopo aver esperito

---

[14] Relazione alla I^a^ Sottocommissione ripresa dalla rivista Studium del gennaio 1947 col titolo "I diritti civili nella nuova Costituzione".

[15] Cfr. nota precedente.

[16] III Convegno UGCI (vedi capitolo I, paragrafo 2).

[17] A. M. Sandulli, *Manuale di diritto amministrativo.*

tentativi sicuramente meno "dolorosi"[18]: la requisizione, il cui potere l'art. 7 della legge 20.3.1865 n. 2248 all. E[19] genericamente conferisce all'Autorità amministrativa, e che invece il Consiglio di Stato espressamente annovererà in questa anche il sindaco[20].

Ma per potersi servire della requisizione lo stesso articolo richiede la "grave necessità pubblica", senza però nulla dire circa i criteri per individuare tale necessità e dunque lasciando all'autorità emanante il compito estimativo. E per La Pira non ci sono dubbi, l'ordinanza lo testimonia: "...il problema di un alloggio ai senza tetto riveste gli aspetti di una grave necessità pubblica quale quella sancita dall'art. 7 legge 20 marzo 1865 n. 2248 all. E, e il disporre della proprietà privata in un caso del genere – tenuta anche presente la evoluzione di certi principi giuridici, sociali e costituzionali che ancora non possono trovare eco nella giurisprudenza – si impone in tutta la sua urgenza umana e giuridica".

Intorno a questa grave necessità pubblica girerà il cardine dei vari ricorsi, ben protesi nel far apparire il giudizio del Sindaco non frutto di una constatazione oggettiva, ma il risultato di un timore

---

[18] Ad esempio di quanto si dice, si può considerare il caso di Villa Corsini, a Castello, requisita dopo inutili tentativi di affitto in via bonaria come dimostrano queste due lettere trovate nell'archivio della Fondazione La Pira.

Lettera all'amministrazione Corsini del 13.10.1952. "Il Comune... propone a codesta amministrazione di prendere in benevolo esame questa proposta; e cioè evitando qualsiasi provvedimento d'imperio, di dare in affitto al Comune, al massimo per un anno tale villa...".

In una successiva lettera del 21.1.1953, La Pira informa il principe Tommaso Corsini della gravità della situazione, che non è stato raggiunto un accordo con l'amministrazione Corsini chiedendogli pertanto di voler "direttamente dare disposizioni in merito, anche perché proprio non è possibile trovare altra soluzione per gli sfrattati, limitandosi il governo a comunicarmi che non ho altro mezzo a cui ricorrere che quello dell'uso del potere di requisizione".

[19] Vedi nota 21 per il testo della legge.

[20] Consiglio di Stato, sez. V, 2 febbraio 1954, n. 132 e sez. V, 3 aprile 1954, n. 311, in Massimario del Consiglio di Stato.

soggettivo: il Consiglio di Stato, lo vedremo presto, si ripeterà nel legittimare l'operato del Nostro.

L'ordinanza si chiude con il richiamo agli articoli 152, 153 e 217 del T.U. Legge Comunale e Provinciale 4 febbraio 1915, n. 148 circa il potere–dovere del sindaco di vigilare sulla sicurezza e l'ordine pubblico e di emettere, se il caso lo richiede, i relativi provvedimenti[21].

2.3. La vicenda giudiziaria di alcune requisizioni

Circa un quarto dei cento soggetti che si videro requisire la casa da La Pira fecero ricorso all'autorità giudiziaria, almeno stando all'elenco fornito dall'Ufficio Legale del Comune di Firenze.

---

[21] Il testo degli articoli in questione:

Legge 20 marzo 1865. n. 2248 allegato E, Art. 7 – Allorché per grave necessità pubblica l'Autorità amministrativa debba senza indugio disporre della proprietà privata, od in pendenza di un giudizio, per la stessa ragione procedere all'esecuzione dell'atto delle cui conseguenze giuridiche si disputa, essa provvederà con decreto motivato, sempre però senza pregiudizio per le parti.

Testo Unico Legge Comunale e Provinciale 4.2.1915, n. 148:

Art. 152 – "Quale ufficiale del Governo (il sindaco) è incaricato sotto la direzione delle autorità superiori: *omissis* 3) di provvedere agli atti che nello stesso interesse della pubblica sicurezza e della igiene pubblica gli sono attribuiti o connessi in virtù delle leggi e dei regolamenti; 4) di invigilare a tutto ciò che possa interessare l'ordine pubblico". *omissis*

Art. 153 – Appartiene pure al sindaco di emanare i provvedimenti contingibili ed urgenti di sicurezza pubblica sulle materie di cui al n. 9 dell'art. 217, nonché d'igiene pubblica e di far eseguire gli ordini relativi, a spese degli interessati, senza pregiudizio dell'azione penale in cui fossero incorsi... *omissis* ..

Art. 217 – Sono sottoposte all'approvazione della Giunta provinciale amministrativa le deliberazioni dei Comuni che riguardano: *omissis* 9) i regolamenti di edilità e polizia locale attribuiti dalla legge ai comuni. *omissis.*

La relativa azione legale veniva promossa in tre direzioni: al Consiglio di Stato, alla Giunta Provinciale Amministrativa e al Tribunale.

Come si può notare dal prospetto allegato, buona parte delle istanze vennero rivolte al Consiglio di Stato ritenuto l'organo di giustizia amministrativa competente a decidere in materia, altri invece si rivolsero alla GPA ritenendo il provvedimento di requisizione tra quelli annoverati al n. 3 dell'art. 1 del Testo Unico sulle attribuzioni della Giunta Provinciale Amministrativa in sede giurisdizionale. In realtà, come vedremo tra poco, entrambi gli organismi si riterranno incompetenti indicando nel Prefetto l'autorità da adire in via gerarchica: il che, sempre stando alla documentazione che ci è stata fornita, è avvenuto in un solo caso.

La chiamata in causa del giudice ordinario invece, nei casi presi in esame, è dovuta al persistere dell'occupazione dell'immobile anche dopo la scadenza del periodo di requisizione e al risarcimento dei danni eventualmente subiti. Degli altri casi in cui è stata adita la stessa autorità non è stata trovata traccia ma, viste le cose, è facile presumere che ci si è mossi analogamente.

L'analisi che segue offre dunque uno spaccato relativamente organico delle vicende giudiziarie illustrando un quadro giuridico di massima che oggi non trova riferimenti nella storia delle amministrazioni fiorentine. Essa si completa con l'allegato n. 5 che riporta in sintesi tutte le vicende giudiziarie così come sono state configurate nell'apposito repertorio del Comune di Firenze.

2.4. Caso Ruspoli

Contrariamente a quanto è accaduto nella maggior parte dei casi che si sono risolti praticamente in via amichevole, il caso della requisizione di una villa della principessa Emilia Ruspoli, situata nel Comune di Fiesole, ha avuto un seguito giudiziario abbastanza complesso che si è concluso circa cinque anni dopo il provvedimento di requisizione la cui ordinanza è datata 20 gennaio 1955.

La questione infatti è stata affrontata fino in fondo, quindi senza alcuna transazione o rinuncia, sia davanti al Consiglio di Stato che al Tribunale di Firenze.

2.4.1. La causa innanzi al Consiglio di Stato

2.4.1.1. Il ricorso della principessa Ruspoli

Al Consiglio di Stato la principessa Ruspoli, rappresentata dall'avv. Vasco Cardoso, chiedeva l'annullamento dell'ordinanza avanzando inoltre domanda incidentale di sospensione.

Per la richiesta di annullamento venivano addotti cinque motivi.

Primo motivo. "Incompetenza territoriale del Sindaco di Firenze a requisire un immobile situato nel territorio di altro comune". Producendo certificati catastali comprovanti l'indubbia collocazione dell'immobile nel comune di Fiesole, la Ruspoli conclude che "il Sindaco di Firenze ha invaso la sfera di competenza di altro Sindaco, talché l'ordinanza di requisizione impugnata è affetta da insanabile nullità ed improduttiva di alcun effetto".

Secondo motivo. "Incompetenza del Sindaco di Firenze ad emanare il provvedimento di requisizione", desunta dall'interpretazione che la legge n. 996 del 1950 fa dell'art. 7 della legge 20.3.1865[22]. Così come espone la ricorrente, infatti, la legge 996 afferma che "i provvedimenti adottati dai prefetti nell'esercizio dei poteri previsti dall'art. 7 legge 20 marzo 1865, n. 2248, all. E sono provvedimenti definitivi", e inoltre nella sua relazione alla Camera sulla legge 996, parlando dell'art. 7 l'On.le Lucifero precisa che "è questa la norma sul cui fondamento sempre sono stati emessi e si emettono dai prefetti i provvedimenti di requisizione (in senso lato)". Il fatto dunque che una legge interpretativa non menzioni in alcun modo la facoltà del Sindaco di emettere provvedimenti di requisizione, "è perché non si riconosce al Sindaco la facoltà di fare ricorso a tale eccezionale potere". A sostegno di tale ragionamento, viene fatto anche un riferimento dottrinale al Sandulli che, nel suo manuale di diritto amministrativo, afferma che "la competenza esclusiva del Prefetto è stata di recente implicitamente affermata dalla legge 30 novembre 1950, n. 996".

---

[22] Legge 30.11.1950. n. 996: Articolo unico – I provvedimenti adottati dai prefetti nell'esercizio dei poteri previsti dall'art. 7 della L. 20.3.1865, n. 2248, allegato E, sono provvedimenti definitivi.

Terzo motivo. “Eccesso di potere e violazione dell’art. 7 Legge 20 marzo 1865, n. 2248 allegato E, nonché degli articoli 19 T.U. legge comunale e provinciale 3.3.1934, 152, 153 e 217 della legge comunale e provinciale 4 febbraio 1915, n. 148 modificata dal R. D. 30 dicembre 1923, n. 2839”. Nell’esplicazione di tale motivo, la parte ricorrente si sofferma sul fatto che tutte le leggi indicate affermano che, in materia di requisizione, il presupposto necessario è costituito dalla grave necessità pubblica e dall’urgenza di provvedere da parte della pubblica amministrazione. In realtà si sarebbe trattato soltanto di una preoccupazione soggettiva del Sindaco il quale nel decreto “ha ricordato che in città esistono 2479 domande di sfrattati o di sfrattandi, che non sono in condizioni di pagare il prezzo necessario anche per una sola stanza, ed ha accennato ad episodi di intolleranza di sfrattati... concludendo che possono temersi fatti di intolleranza e di aperta ribellione”. Dunque, continua il ricorso, il sacrificio della proprietà privata non può essere giustificato dalla “preoccupazione soggettiva della amministrazione Comunale di evitare critiche”. A supporto di siffatto ragionamento viene portata la decisione del Consiglio di Stato del 2 febbraio 1952, n. 132 che, in tema di provvedimenti eccezionali come una requisizione di immobili, dice che “la mera preoccupazione soggettiva di un eventuale insorgere di fatti che potrebbero turbare l’ordine pubblico, è insufficiente a legittimare provvedimenti del genere”.

Quarto motivo. “Violazione del principio fondamentale del diritto per il quale l’occupazione di un bene privato da parte della Pubblica Amministrazione deve essere preceduta dalla redazione di uno stato di consistenza, in contraddittorio con il proprietario (Artt. 67 e 68 Legge 25 giugno 1865, n. 2359 sulle espropriazioni per cause di pubblica utilità)”. Nello svolgimento di questo motivo, sostanzialmente si marca il fatto che la redazione dello stato di consistenza non è mai stata fatta.

Quinto motivo. “Eccesso di potere per mancata determinazione dell’indennizzo dovuto per il periodo di requisizione, violazione dell’art. 835 c.c.”. Notoriamente l’art. 835 c.c. dice che, una volta disposta la requisizione, “al proprietario è dovuta una giusta indennità”, indennità che non è stata prevista nell’ordinanza in questione.

A margine del ricorso viene infine avanzata domanda di sospensione perché “il protrarsi della indisponibilità della villa requisita arreca gravissimo pregiudizio alla ricorrente”, in quanto la struttura ha bisogno di urgenti lavori di restauro essendo stata occupata fino a poco tempo prima da una famiglia di sfollati.

2.4.1.2. La decisione del Consiglio di Stato sulla domanda di sospensione

Circa la domanda di sospensione, la stessa viene accolta in un'ordinanza contro il Comune del 4 marzo 1955 nella quale la questione è risolta in termini molto brevi: "Il Consiglio di Stato in sede giurisdizionale... ritenuto che sussistono le gravi ragioni richieste dall'art. 39 del T.U. vigente delle leggi sul Consiglio di Stato... accoglie la suindicata domanda incidentale di sospensione".

Sull'opposizione del Comune alla domanda non è stato trovato alcun documento.

2.4.1.3. Il controricorso del Comune di Firenze

A fronte di una diffusa elaborazione quale è quella del ricorso, il Comune imposta la sua opposizione sinteticamente, ma nel con tempo con fondatezza, nel dimostrare che il Sindaco ha agito come Ufficiale di Governo, che la legge n. 996 si riferisce solo alla definitività dei provvedimenti del Prefetto e che pertanto il ricorso deve essere dichiarato inammissibile.

Testualmente: "Il provvedimento impugnato si fonda indubitabilmente sull'art. 7 della legge 20 marzo 1865, n. 2248, allegato E, della quale norma il Sindaco di Firenze si è valso nella sua veste di Ufficiale del Governo. La citazione di altre norme di legge, fatta ad abundantiam nel provvedimento, non muta la natura del provvedimento stesso, giacché è solo dalla legge citata che il Sindaco ha tratto il suo potere... Ciò stante, poiché l'articolo unico della legge 30 novembre 1950, n. 996 stabilisce la definitività solo dei provvedimenti ex art. 7 adottati dai Prefetti, è chiaro che i detti provvedimenti, allorché vengano adottati dai sindaci non sono definitivi. Non avendo il provvedimento impugnato carattere di definitività, esso doveva essere impugnato mediante ricorso gerarchico e non mediante ricorso giurisdizionale". Da qui l'inammissibilità.

2.4.1.4. La decisione del Consiglio di Stato[23]

Con decisione dell'11 gennaio 1958, il Consiglio di Stato fa proprie le motivazioni del Comune e pertanto dichiara inammissibile il ricorso, salvo rimettere in termine la parte attrice per un eventuale ricorso gerarchico al Prefetto ritenendo scusabile l'errore per l'incertezza esistente all'epoca in cui fu emanato il provvedimento in merito all'autorità emanante e alla definitività dello stesso.

Dunque il Consiglio di Stato dà ragione al Comune. "L'eccezione di inammissibilità posta dal Comune resistente – si legge nella decisione – si appalesa fondata, non potendo il provvedimento di requisizione, che ha dato luogo al presente ricorso, ritenersi di carattere definitivo ai sensi dell'art. 34 del testo unico sul Consiglio di Stato". Entrando poi in quello che è il fulcro dell'azione legale della principessa Ruspoli, il Consiglio di Stato dichiara di ritenere "che il potere di requisizione non spetti soltanto al Prefetto ma altresì al Sindaco come Ufficiale di Governo e quale capo dell'amministrazione locale, nulla in contrario essendo desumibile dalla legge 20 novembre 1950, n. 996, che si limita a dichiarare definitivi i provvedimenti emessi dal Prefetto ex art. 7, senza alcun accenno a provvedimenti emessi da autorità diversa". A meglio chiarire il significato della legge del 1950, il Consiglio aggiunge: "Se scopo della legge del 1950 fosse stato anche quello di precisare che ex art. 7 della legge del 1865 non derivi ad autorità diversa dal prefetto alcuna facoltà di disporre in caso di urgente pubblico interesse della proprietà privata, il chiarimento, in relazione al naturale carattere di ogni interpretazione autentica, sarebbe stato esplicito...".

Infine il Consiglio di Stato confuta la motivazione della ricorrente secondo cui il Sindaco avrebbe agito sulla spinta di un timore soggettivo di un possibile turbamento dell'ordine pubblico. Si legge infatti nella decisione: "Nella fattispecie non appare dubbio che il Sindaco di Firenze abbia agito nella sua veste di Ufficiale del Governo, emergendo con assoluta evidenza dalla motivazione del provvedimento che all'eccezionale misura venne spinto non solo da ragioni sociali ed umanitarie, che di per sé non sarebbero sufficienti a creare un potere non previsto dalla legge, ma nel timore che lo stato

[23] Vedi allegato n. 3.

di eccitazione diffusosi fra gli interessati avrebbe potuto determinare fatti di intolleranza e di aperta ribellione pregiudizievole all'ordine pubblico".

2.4.2. La causa davanti al Tribunale di Firenze

Nel giugno del 1957 la questione della villa si sposta dal piano amministrativo a quello civile e per il perdurare dell'occupazione, nonostante sia scaduta l'ordinanza di requisizione, e per i danni arrecati, includendo fra questi l'indennità di occupazione.

Negli archivi del Comune non sono stati trovati né l'atto di citazione né la memoria difensiva, si riesce comunque ugualmente ad avere conoscenza delle richieste delle parti in quanto la sentenza, in premessa, riporta testualmente le rispettive conclusioni.

Da dire, per dovere di cronaca, che all'epoca della causa il Comune non era più rappresentato dal sindaco La Pira, ma dal commissario prefettizio Lorenzo Salazar: se ciò abbia in qualche modo inciso sull'operato dei legali del Comune non può, ovviamente, essere stabilito.

2.4.2.1. Le conclusioni delle parti

La parte attrice avanzò le seguenti richieste: 1) dichiarare nullo il provvedimento; 2) ordinare, comunque, il rilascio dell'immobile; 3) ordinare il completo ripristino in stato o il pagamento della somma per i lavori di riparazione; 4) condanna al pagamento di Lire 100.000 mensili come indennità di occupazione; 5) condanna al pagamento delle spese giudiziarie.

Da parte sua invece il Comune così articolò le proprie conclusioni. In tesi: dichiarare la carenza di legittimazione passiva del Comune, in quanto l'immobile era stato preso in consegna dall'ECA che poi vi aveva sistemato degli sfrattati; in ipotesi: ordinare l'integrazione del contraddittorio nei confronti dell'ECA e degli attuali occupanti; in ipotesi subordinata il Comune è remissivo circa: il rilascio della villa, la rimessa in pristino, il pagamento di indennità di 20–25.000 lire mensili. Inoltre viene chiesto di non pagare altro danno oltre alla indicata indennità, e il riconoscimento del diritto al rimborso delle spese sostenute dal Comune al fine di rendere "abitabile" l'immobile stesso.

2.4.2.2. La sentenza del Tribunale di Firenze

Nella sua sentenza il Tribunale respinge innanzi tutto la carenza di legittimazione e l'integrazione del contraddittorio richieste dal convenuto, in quanto, essendo stata la requisizione posta in essere dall'Amministrazione Comunale, soltanto questa "può quindi essere tenuta alla relativa restituzione e la proprietaria, del tutto estranea ai rapporti intercorsi successivamente alla requisizione fra essa Amministrazione ed i terzi, non ha né può avere titolo o motivo per evocare costoro in giudizio".

Circa invece la dichiarazione di nullità del provvedimento richiesto dall'attrice, il Tribunale assume un atteggiamento che ci permettiamo di definire alquanto discutibile. Dice infatti la sentenza che "la domanda, così come formulata, tende, evidentemente, non tanto ad ottenere una pronunzia sulla validità dell'atto, in relazione alle circostanze della sua emanazione, e sulla sussistenza di eventuali vizi dai quali esso sia affetto, quanto ad una dichiarazione relativa alla sua efficacia attuale"; certamente la validità dell'atto, in relazione alla sua emanazione e agli eventuali vizi sono di competenza del giudice amministrativo e quindi il Collegio trasformando una richiesta di competenza del giudice amministrativo in una diversa, giunge ad affermarsi competente. Probabilmente il Tribunale ha voluto guardare a quella che a suo giudizio era la sostanza della richiesta, ma resta comunque il dubbio sul perché il legale della principessa Ruspoli, pur così esperto, non abbia richiesto esplicitamente la cessazione degli effetti del provvedimento.

Nel merito comunque la sentenza dice che "non sembra necessario fare luogo alla domanda" in quanto le restanti domande fanno perno sul presupposto del rilascio sul quale, come si è visto, il Comune si trova d'accordo.

Per il resto data la remissività del Comune, il Tribunale praticamente non ha particolari problemi da risolvere, eccezion fatta per l'indennità che viene stabilita in 30.000 lire mensili tenendo presenti i normali canoni di locazione e le spese sostenute dal convenuto per la famosa abitabilità; pertanto il giudice condanna il Comune al ripristino in stato, alle spese giudiziarie in quanto soccombente, e ordina il rilascio dell'immobile.

2.5. *Caso Fera*

Il caso Fera nasce con una requisizione del 25 maggio 1953 e dunque precedente a quella operata nei confronti dell'immobile della principessa Ruspoli che pure ha dato luogo a decisione del Consiglio di Stato. Abbiamo comunque ritenuto di doverlo analizzare successivamente in quanto ci è sembrato di portata minore non solo, ma soprattutto la documentazione ritrovata intorno al caso dell'avv. Saverio Fera era priva sia di ricorso che del controricorso, impedendoci perciò di vedere nei dettagli le rispettive argomentazioni. L'unico documento della causa innanzi al Consiglio è appunto la decisione che comunque ugualmente ci ha permesso l'individuazione della materia del contendere.

Ma se da un lato la mancanza di documenti toglie qualcosa a una vicenda sicuramente interessante sul piano giuridico, dall'altro essa è l'unica che ha avuto uno sviluppo davanti al Prefetto dando origine ad una decisione che, pur modesta e, vedremo, non completa per il subentrare di determinati fattori, resta sempre un elemento storico–scientifico della complessa situazione creatasi con le requisizioni lapiriane degli immobili.

2.5.1. *La causa dinanzi al Consiglio di Stato*

Si evince dalla decisione – emessa il 4 febbraio 1956[24] – che le motivazioni del ricorrente poggiano sostanzialmente sulle note violazioni degli articoli dei Testi Unici del 1915 e del 1934, e dell'art. 7 della legge del 1865, con l'aggiunta di un riferimento ad una sentenza di sfratto nei confronti degli occupanti precedente all'ordinanza del sindaco: un punto, quest'ultimo, che il Collegio ignorerà del tutto.

Il Comune invece, come abbiamo già avuto occasione di vedere diffusamente per il caso Ruspoli, afferma la legittimità dell'operato del Sindaco in ragione della corretta applicazione dell'art. 7 in forza del quale è stato emesso il provvedimento che non ha carattere definitivo e pertanto non in contraddizione con il disposto della legge 996/50. Da qui l'eccezione di inammissibilità.

---

[24] Vedi allegato n. 4.

Il Collegio ritiene fondata l'eccezione del Comune in omaggio al seguente ragionamento.

"Il provvedimento è da ritenere emesso ai sensi dell'art. 7 della legge 20 marzo 1865, n. 2248, allegato E, e non in base al diverso potere previsto dall'art. 153 del T.U. 4 febbraio 1915, n. 148. Nelle sue premesse sono richiamate entrambe le disposizioni, ma per la individuazione del potere esercitato in concreto dall'Amministrazione devesi aver riguardo alla norma cui la causa e l'oggetto dell'atto siano astrattamente riconducibili, con maggiore evidenza... Non è dubbio pertanto che il Sindaco si sia avvalso del citato art. 7...". Chiarito il presupposto legittimante, la decisione chiarisce la natura del provvedimento: "il potere di requisizione ex art. 7 spetta non soltanto al Prefetto, ma anche al Sindaco: il quale può avvalersene sia come capo dell'Amministrazione Comunale, sia come Ufficiale del Governo. Ma in quest'ultima ipotesi il provvedimento non ha carattere definitivo giacché il Sindaco, in qualità di Ufficiale del Governo, cioè come organo dello Stato è gerarchicamente subordinato al Prefetto". Il che non contrasta affatto con la legge del 1950 che "dichiara la definitività dei provvedimenti emessi dai Prefetti nell'esercizio di detto potere, ma non incide sul carattere delle ordinanze sindacali nella subbietta materia". E non ci sono dubbi che il Sindaco abbia agito quale Ufficiale del Governo, cosa che "emerge con sufficiente chiarezza dalla motivazione del provvedimento", essendo stato indotto a "provvedere non solo dalle ragioni sociali ed umanitarie convergenti nella ritenuta grave necessità pubblica, ma altresì da considerazioni relative all'ordine pubblico". Su tale necessità di ordine pubblico il Consiglio non ha dubbi, tanto che "il richiamo dell'art. 152 del T.U. n. 148 del 1915 sta a confermare che la requisizione venne essenzialmente determinata da ravvisate esigenze di ordine pubblico".

La conclusione a questo punto scaturisce di conseguenza: ricorso inammissibile, salvo una rimessione in termine per la eventuale proposizione della questione al Prefetto data la scusabilità dell'errore per la dubbiezza della fattispecie.

2.5.2. Il ricorso al Prefetto di Firenze

La decisione del Prefetto, unico atto ritrovato, si divide in due parti: in una si fa la storia giuridica della vicenda innanzi al Consiglio di Stato – respinta la sospensione, ordinata integrazione del contraddittorio nei confronti degli occupanti, dichiarazione di inammissibilità – e si dichiara che l'immobile è stato restituito in data 20 aprile 1955 nonostante che il ricorrente con una nota del 20 giugno 1956 dichiari non cessata la materia del contendere; in una seconda parte il Prefetto manifesta le proprie argomentazioni di diritto richiamando quanto già deciso dal Consiglio di Stato.

Soffermandosi dunque sulle questioni di diritto, il Prefetto ricorda che il Consiglio ha già sostenuto che il Sindaco ha agito in forza dell'art. 7, facendo così crollare sia l'incompetenza e l'eccesso di potere, che la violazione dei Testi Unici del 1915 e del 1934, pertanto l'unica questione meritevole di approfondimento e di indagine concerne l'esistenza o meno della grave necessità pubblica e il timore di gravi turbamenti all'ordine pubblico.

"Ma tale indagine si rende superflua per due ordini di motivi:

a) Nel ricorso in esame si chiede l'annullamento del provvedimento impugnato (almeno questo si crede di poter dedurre dalla generica formulazione delle conclusioni), ma il provvedimento ha cessato da tempo di dispiegare i suoi effetti in quanto l'immobile è stato restituito da più di un anno. Su questa materia quindi è cessata da tempo ogni ragione di contendere.

b) Si osserva inoltre che l'unico motivo che potrebbe giustificare una pronuncia sul merito potrebbe essere la successiva eventuale richiesta di un risarcimento del danno consistente in una indennità di occupazione, oltre al pagamento di eventuali danni al fabbricato...".

Ma, osserva il Prefetto, sulla cosa non c'è richiesta né si capisce se il risarcimento è stato corrisposto, e inoltre esso è indipendente dalla legittimità del provvedimento.

Ovvia la conclusione: cessata la materia del contendere.

2.6. Caso Broccoletti

Il caso di Patrizio Broccoletti non è certamente di portata vasta, ma assume la sua importanza in quanto ci ha consentito di analizzare un riscontro da parte della Giunta Provinciale Amministrativa, che il legale del ricorrente deve aver ritenuto di dover adire nella convinzione che la questione rientrasse nella cerchia delle competenze proprie di tale organismo. Convinzione che ben si spiega in un momento in cui, in ottemperanza al dettato costituzionale, era in atto un processo di revisione dell'apparato giudiziario che dava luogo a non poche incertezze.

2.6.1. Il ricorso del Broccoletti alla G. P. A.

Scopo dell'azione del Broccoletti è quello di ottenere l'annullamento dell'ordinanza di requisizione per illegittimità ed eccesso di potere, argomentando intorno alla inesistenza di quella necessità pubblica che giustifica il provvedimento del Sindaco. Il ricorso si apre dunque con un'ampia dissertazione sulla crisi degli alloggi che il ricorrente ritiene ormai superata "giacché ricompariscono gli appigionasi e gli annunci economici domenicali sulla stampa locale annotano molti e molti quartieri da affittare"; non esistendo quindi la necessità pubblica, il comportamento del Sindaco tende solo a tutelare "l'interesse di una o di poche persone indigenti che non hanno da pagare neanche per l'alloggio di una sola camera". Ciò premesso, il Sindaco avrebbe violato l'altrui domicilio per un privato interesse incorrendo nella responsabilità penale prevista dall'art. 615 C.P., mal utilizzando inoltre il disposto dell'art. 152 della legge comunale e provinciale poiché "nel caso sporadico di chi espone la propria masserizia sulla pubblica via, non avendo altro locale per ripararsi" non si può ravvisare "ribellione né disobbedienza dello sfrattato ad eventuali ordini dell'autorità o precetti della legge".

Il ricorso si conclude infine con un vero e proprio attacco personale al giurista La Pira: "Infine, parlare di diritto fondamentale del cittadino ad una abitazione, ci fa pensare ad una inesatta cognizione del prof. La Pira in materia giuridica perché non esiste il diritto alla abitazione, la quale è un bisogno da soddisfare mediante un rapporto privato tra chi offre un tetto e chi ne fa richiesta".

2.6.2. Il controricorso del Comune

Da parte sua il Comune di Firenze finalizza la propria azione a che la GPA dichiari improponibile il ricorso: in tesi per difetto di giurisdizione, in ipotesi per difetto di competenza.

Per arrivare allo scopo, nell'atto si ricorda che il Broccoletti nega che il Sindaco avesse il potere di ordinare la requisizione in questione: "egli infatti protesta contro l'arbitrio e l'illegalità della requisizione; dichiara che il Sindaco non aveva facoltà di requisire e limitare l'altrui diritto di proprietà privata; parla di chiara ribellione del Sindaco La Pira all'osservanza delle leggi e di abuso di potere, giungendo persino ad affermare che il Sindaco sia incorso in responsabilità penali". Date queste premesse, dice il Comune, e poiché il Broccoletti chiede il rilascio dei quartieri requisiti e il riconoscimento del diritto alla refusione dei danni, "è chiaro che la GPA difetta di giurisdizione a decidere". A sostegno di tale ragionamento, viene ricordato che la Corte di Cassazione ha più volte ripetuto che ove si contesti il potere di agire della Pubblica Amministrazione, ci si muove nell'ambito delle competenze del giudice ordinario, ma se l'oggetto della contestazione è invece il concreto esercizio del potere di agire, si è invece nello specifico del giudice amministrativo.

In ogni modo, aggiungono i legali del Comune, pur respingendo tale ragionamento, permane un difetto di competenza della GPA avendo il Sindaco agito quale Ufficiale del Governo in forza dell'art. 7 della legge del 1865, tale questione deve essere affidata al Consiglio di Stato poiché non tra quelle che la legge espressamente attribuisce alla GPA.

2.6.3. La decisione della GPA di Firenze

La GPA dà ragione al Comune e dichiara il ricorso improponibile per incompetenza dell'autorità adita.

In poche righe le motivazioni.

"Il provvedimento del Sindaco pur citando nelle premesse vari articoli e disposizioni di legge, è in sostanza un provvedimento ex art. 7 della legge 20.3.1865, n. 2248 e cioè un provvedimento del Sindaco quale Ufficiale di Governo. Come tale esso è giustificato se fosse esistita una grave necessità pubblica. Tuttavia questa Giunta Provinciale non ritiene di essere competente a decidere la questione della legittimità o meno dell'atto in quanto contro i provvedimenti del Sindaco quale Ufficiale del Governo è ammesso ricorso al Prefetto e successivamente come è stabilito con apposite motivazioni di legge al Consiglio di Stato".

Pur nella sua semplicità e chiarezza, la decisione della Giunta in un passaggio lascia molto spazio al dubbio. Laddove essa dice, a proposito del provvedimento di requisizione, "esso è giustificato se fosse esistita una necessità pubblica", senza altro aggiungere: è uno stimolo ad indagare sulla esistenza di tale necessità, o un dubitare fortemente di questa fino a negarne proprio l'esistenza?

2.7. Caso Grappolini

Fra tutti i documenti ritrovati intorno alle cause che il Comune di Firenze si trovò ad avere a seguito delle requisizioni, quelli concernenti il caso di Antonio Grappolini, che ebbe la villa requisita con ordinanza del 2 febbraio 1955, sono forse i meno significativi sul piano giuridico data la semplicità dell'istanza proposta che si risolve davanti al Tribunale per la restituzione dell'immobile essendo scaduta la requisizione.

Questa semplicità è, a nostro parere, la dimostrazione che il Comune, una volta effettuato l'intervento di emergenza, non si oppone né alla restituzione dell'immobile né al raggiungimento di un accordo sull'indennità e sugli eventuali danni. Da tener presente comunque, come già si è avuto occasione di dire, che alla guida del Comune al momento del contenzioso non abbiamo più il Sindaco La Pira ma il Commissario Salazar che, date le sue funzioni, agisce con un'impronta tecnica e non politicamente caratterizzata: il che avrebbe potuto avere qualche riflesso sull'impostazione della causa.

2.7.1. La causa davanti al Tribunale

Nell'atto di citazione, datato 10 maggio 1957, il Grappolini premette che il Comune, scaduta la requisizione, non ha restituito l'immobile nonostante assicurazioni contrarie, e che tuttavia "ove la restituzione avvenga prima della data indicata per la prima udienza, sin d'ora rinuncia ora per allora agli atti del presente giudizio, che espressamente limita alla restituzione dell'immobile e che perciò non pregiudica in alcun modo i suoi diritti per risarcimento danni, indennità di requisizione se dovuta, e quant'altro".

L'esposizione dice tutto sulle intenzioni dell'attore.

Il Tribunale di Firenze, innanzi al quale il Comune è contumace, con sentenza del 21 novembre 1957 condanna il Comune a restituire l'immobile in quanto, scaduta la requisizione, "ogni ulteriore occupazione da parte di terzi e della stessa Autorità, che ne dispose la requisizione limitatamente ad un anno", si deve considerare "illegittima ed arbitraria in assenza di un valido titolo giuridico che la giustifichi".

2.7.2. Il ricorso davanti al Consiglio di Stato

Il ricorso davanti al Consiglio di Stato di fatto non ha luogo. Il Grappolini, infatti, dopo la sentenza del Tribunale raggiunge un accordo col Comune che gli corrisponde la somma di Lire 2.950.000 a titolo di indennità di occupazione e risarcimento danno, somma che lo soddisfa appieno e lo induce a rinunciare sia al ricorso gerarchico proposto al Prefetto che a quello innanzi al Consiglio di Stato.

Il Consiglio di Stato dunque, preso atto che nessuno è comparso all'udienza e che nessun atto di procedura è stato fatto dopo il deposito del ricorso, con decisione del 19 aprile 1968 dichiara perento il ricorso stesso.

2.8. Il valore giuridico e politico delle decisioni del consiglio di stato

Giuridicamente le decisioni del Consiglio di Stato legittimando il potere del Sindaco in materia di requisizioni, si collocano nell'alveo di precedenti e sostanzialmente analoghe decisioni[25] che Giorgio La Pira, da buon giurista e attento amministratore, doveva ben conoscere se nel febbraio 1955, come vedremo nel capitolo seguente[26], si diceva confortato appunto dalle affermazioni del Consiglio di Stato.

Il Collegio inoltre pone un punto fermo sulla famosa legge del 1950 che, interpretativa dell'art. 7, non doveva affatto aver svolto la sua funzione se non solo perdurava l'alterità di lettura, ma essa stessa era causa di forti dissensi proprio sul controverso punto della potestà requisitiva inducendo – possiamo, a questo punto, dire in errore? – un giurista della statura di Sandulli[27] a scrivere nel suo celebre manuale che il potere di requisire era di competenza esclusiva del Prefetto.

Ma le decisioni del Consiglio palesano tra le righe anche un valore politico di portata non trascurabile, laddove si riconosce che il

---

[25] Consiglio di Stato, sez. V, 2 febbraio 1954, n. 132 e sez. V, 3 aprile 1954, n. 311, in Massimario del Consiglio di Stato.

[26] Capitolo III, § 2.5.

[27] Vedi sopra § 4.1.1.

Sindaco di Firenze si è mosso non solo dietro la spinta di ragioni sociali ed umanitarie, ma anche nel timore, fondato oggettivamente – altrimenti il Collegio lo avrebbe contestato come presupposto per la requisizione – di episodi di intolleranza tali da recare pregiudizio all'ordine pubblico. Dunque La Pira aveva svolto con rigore le sue funzioni di Ufficiale del Governo e non sulla scorta di immotivate preoccupazioni soggettive come si evince in particolare dal ricorso della principessa Ruspoli il cui legale, in questo caso, è forse un po' troppo portatore di una voce diffusa fra chi avversava il metodo lapiriano di affrontare l'emergenza abitativa.

3. Le requisizioni delle aziende

3.1. La vicenda "Pignone"

3.1.1. I fatti[28]

Molto è già stato scritto intorno ai fatti della Pignone e non compete certo a noi addentrarvicisi alla ricerca del nuovo. Ci limiteremo qui ad una breve esposizione cronologica che possa servire al lettore come quadro di riferimento all'interno del quale collocheremo come tassello quella requisizione stilata, datata, timbrata ma mai firmata "per amore" nei confronti del grande amico Fanfani, ministro degli Interni[29].

La vertenza della Pignone dunque, comincia i primi di gennaio del 1953 con l'annuncio, il 5, della sospensione di 300 operai, poi divenuti circa 250, da parte della direzione: prodromi, questi, di quanto accadrà alcuni mesi dopo con l'atto che darà il via vero e proprio ad una vicenda che, in un crescendo di espansione, coinvolgerà su scala nazionale sindacati, Confindustria, governo, Chiesa, dietro la forte e caratterizzata sollecitazione del sindaco La Pira. L'atto in questione, del 19 ottobre, è la convocazione dell'assemblea dei soci per il 16 novembre "per deliberare sull'oggetto di cui al n. 5 dell'art. 2448 del Codice Civile" che prevede lo scioglimento delle società per azioni su deliberazione dell'assemblea. Dopo sette anni dall'acquisto del pacchetto di maggioranza, la SNIA–Viscosa aveva insomma deciso di smantellare del tutto i restanti stabilimenti della Pignone, e cioè quello di Firenze e quello di Massa, dopo aver già chiuso quelli di Magenta e di Livorno. La liquidazione avrebbe lasciato senza lavoro 1750 dipendenti.

Il giorno dopo, il 20, La Pira è già a Roma dove espone le cose al presidente del Consiglio Pella che a sua volta interessa Fanfani

[28] La ricostruzione storica è stata fatta attraverso le pagine de "Il Mattino", salvo diversa indicazione.

[29] L'espressione è tratta da una lettera a Fanfani datata 2 novembre 1953. Questa lettera, come quelle successivamente citate, si trovano presso la Fondazione La Pira in Firenze.

perché se ne occupi. Il ministro dell'Interno senza indugiare incarica il Prefetto di Firenze di diffidare i dirigenti dal licenziare, così che la sera stessa La Pira, tornato a Firenze, può dichiarare: "Dopo l'intervento del governo nessun provvedimento della direzione volto a sospendere dal lavoro i dipendenti della Pignone può avere valore. Invito pertanto gli impiegati e gli operai a rimanere ai loro posti di lavoro[30]".

Nonostante ciò il 21 partono le prime lettere di licenziamento e per la SNIA tutto deve apparire pacifico se due giorni dopo, il 23, il consigliere. delegato della società, Marinotti, ritiene di poter tranquillamente partire per la Francia dove l'attendono altri impegni. Di parere diverso è invece Fanfani, che giudica essenziale la presenza di Marinotti nel tentativo di risolvere la questione, al punto che ordina al questore di Milano di ritirargli il passaporto compiendo un gesto che verrà inspiegabilmente criticato dalla stampa di sinistra, Paese Sera e Nuovo Corriere, che riduce il tutto alla semplice lesione di un diritto.

Di fatto Marinotti capisce che il governo non intende cedere ed il 26 si recherà da Pella e da Fanfani dichiarando il proprio impegno nella ricerca di una soddisfacente soluzione che impedisca la chiusura dello stabilimento fiorentino: in realtà Marinotti pone una pregiudiziale che impedirà, tra il 31 ottobre e il 1 novembre, la ripresa effettiva, a Firenze, della trattativa: prima si licenzia tutto il personale, poi si parla di un eventuale riassetto dell'azienda.

Il blocco totale delle trattative induce il Sindaco a muoversi verso il provvedimento drastico della requisizione che preannuncia il 31 con un telegramma[31] in tre copie indirizzato a Fanfani, Rubinacci, ministro del lavoro, e Malvestiti, ministro dell'Industria: "Le comunico che data rottura trattativa fra lavoratori et datori di lavoro Pignone per atto pacificazione onde evitare grave degenerazione tensione in atto per occupazione parziale fabbrica habeo provveduto emettere ordinanza requisizione fabbrica avvalendomi poteri Legge 20.3.1865 et Legge comunale e provinciale in relazione a norme

---

[30] FERNANDO CANCEDDA, *La Pira e le Fabbriche Fiorentine,* in "Testimonianze" dell'aprile–luglio 1978.

[31] Anche questo presso la Fondazione La Pira: non è certo che sia stato inviato.

Costituzione". L'ordinanza, datata 2 novembre, è già tutta elaborata, compresi i nomi di chi deve prendere in consegna lo stabilimento, dei custodi; dei soggetti ai quali deve essere notificata: mancano solo la firma del Sindaco e, evidentemente, la data e l'ora della consegna. Ma quegli spazi resteranno per sempre in bianco, e la motivazione la si rileva da una lettera che La Pira scrive a Fanfani[32] nella "primissima alba del giorno dei Morti": "Per amor tuo io non compio stamattina un gesto che avevo deciso di compiere"; è per non creare maggiori problemi all'amico carissimo dunque che il Sindaco non calca la mano, e glielo dirà esplicitamente in una lettera del 27 novembre: "Caro Amintore, se non c'eri tu in questo governo la vertenza Pignone avrebbe avuto ampiezze ben più vaste di quelle che essa ha già assunte".

Rotte a Firenze, comunque le trattative riprendono a Roma il 5 novembre ma, nonostante alcune lettere di La Pira a Marinotti che si muovono "dal piano celeste di S. Matteo a quello terrestre di Machiavelli", il 16 novembre l'assemblea della SNIA delibera lo scioglimento della "Società anonima Pignone", aprendo la strada all'occupazione della fabbrica il giorno seguente da parte delle maestranze. Il 21 gli occupanti vengono denunciati alla magistratura dall'ing. Giulio Fabbri, liquidatore della Pignone, e il 22, domenica, don Bruno Borghi viene autorizzato dal cardinal Dalla Costa a celebrare la Messa nei locali dello stabilimento, alla quale parteciperà lo stesso Sindaco.

Nel frattempo la trattativa a Roma comincia a girare intorno all'ipotesi di una società, messa a punto durante una serie di incontri di Fanfani con Vanoni, ministro delle finanze, Mattei, presidente dell'Agip, e Ferrari Aggradi, sottosegretario al bilancio, che dovrebbe essere costituita tra l'Agip e la stessa Snia. L'ipotesi trova consenziente La Pira che però è preoccupato perché non vede la conclusione e allora dà una decisa sveglia a De Gasperi: "La soluzione prospettata da Ferrari Aggradi è la sola atta a dare onorevole componimento alla vertenza: la sola capace di cancellare, in qualche modo, questa autentica macchia di iniquità di cui si è macchiata la democrazia italiana. Quindi: chiama Ferrari Aggradi, chiama Mattarella, chiama Mattei e ordina loro di concludere. Ripeto: altra via non c'è. Se voi non operate, opero io: e avete visto

[32] Sempre con la lettera a Fanfani del 2 novembre 1953.

che ho le idee chiare: so quello che voglio e conosco gli strumenti che mi fanno realizzare lo scopo[33]...".

Il 20 dicembre il Sindaco è a Bologna, invitato dal cardinal Lercaro a parlare agli operai della Ducati, che si trovano in una situazione analoga a quella della Pignone. La Pira esporrà il concetto del "diritto come un vestito[34]" affermando che "anche noi quando eravamo deputati alla Costituente avevamo fatto un modello per impedire che fatti come quelli della Ducati e della Pignone si avverassero, ma abbiamo fatto soltanto il modello: non s'è fatto ancora il vestito, e il vestito che abbiamo va in pezzi, è tutto toppe... ed è un vestito che va cambiato".

Il 24 dicembre la notizia che la Magistratura ha deciso l'archiviazione della denuncia, allieta il Natale degli operai e del Sindaco, che vedono scongiurata l'ipotesi di un non facile intervento di sgombro da parte delle forze di polizia.

Il 29 la situazione si sblocca: viene proposto di costituire la società "Nuovo Pignone" al 60% Eni, attraverso l'Agip, e al 40% SNIA–Viscosa con l'impegno di riassumere 900 unità, poi diventate 1000: i restanti 750 dipendenti saranno sistemati attraverso altre soluzioni.

Il 4 gennaio 1954 le maestranze tolgono l'occupazione, il 15 l'accordo è sottoscritto dalle parti: la fabbrica e i posti di lavoro sono salvi. Un anno dopo I'Eni acquisterà anche il restante 40%.

3.1.2. Il giurista La Pira: l'ordinanza di requisizione[35]

Se nel decreto di requisizione degli immobili l'uomo e il giurista La Pira appaiono in egual misura, quest'ultimo prevale sicuramente nell'ordinanza per la Pignone che mostra una tensione verso l'uso del diritto vigente, con le novità costituzionali, per risolvere le nuove istanze che provengono dal corpo sociale. E tra queste, senza dubbio occupa un ruolo di rilievo la difesa del posto di lavoro di fronte alla tendenza di molti imprenditori a "chiudere" accontentandosi del

---

[33] La lettera, per la sua importanza, è riportata nell'allegato n. 6.

[34] Intervento al III Convegno nazionale UGCI. Vedi anche capitolo I, § 2.

[35] Integralmente riportata nell'allegato n. 7.

realizzato nel timore di non poter rischiare nello star dietro all'evoluzione e allo sviluppo del dopoguerra riflesso, ma anche imperniato, nell'ambito dell'industria.

Veniamo comunque alla lettura dell'ordinanza. Essa si apre con la constatazione oggettiva della rottura delle trattative per poi passare alla condivisione, da parte del Sindaco, delle preoccupazioni dei dipendenti che occupano la fabbrica come azione estrema e consequenziale alla chiusura: in tal senso, il linguaggio stesso testimonia la ricerca di una spiegazione del grave gesto degli operai che scaturisce da "una decisione che toglie la possibilità di vita alle loro famiglie dato che nessuna prospettiva di lavoro si presenta nel futuro per essi, in considerazione dell'alta percentuale di disoccupati già esistente in Firenze", città non in grado di assorbire nemmeno manodopera specializzata.

Un tale stato di cose altera in maniera anormale l'ordine pubblico "con la possibilità di ben più gravi e irreparabili conseguenze di violazione", ed è qui, sollecitato proprio da questo stato di cose, che il giurista La Pira comincia a dare la sua lettura della Costituzione non come norma immobile, cristallizzata nel tempo, ma come norma precettiva e interprete di un nuovo spirito, pregnata di forza motrice per un nuovo e attuale diritto, richiamandosi insomma alla sua teoria di Costituzione come "modello" su cui tagliare il vestito[36]. Ecco allora che l'ordine pubblico va esplicitamente inteso "nello spirito che i principii della Costituzione e della Repubblica sanciscono in modo immediato e precettivo". Ma La Pira non si limita ad una enunciazione teorica di massima, va a fondo e individua i pilastri, concreti e specifici del caso, di questo nuovo spirito: "...l'adempimento di doveri inderogabili di solidarietà economica (art. 2), il dovere per la Repubblica di rimuovere gli ostacoli di ordine economico che impediscono il pieno sviluppo della persona umana (art. 3), e soprattutto il riconoscimento al diritto al lavoro e il dovere di promuovere le condizioni che rendono effettivo un tale diritto (art. 4), in relazione al presupposto che l'iniziativa privata non può svolgersi in contrasto con la utilità sociale in modo da recar danno alla sicurezza e alla dignità umana (art. 41)". Quello che il Nostro intende è sufficientemente chiaro, ma forse egli, consapevole della situazione estremamente tesa e dei dubbi presenti nel mondo

[36] Vedi nel paragrafo precedente il discorso a Bologna.

giuridico circa l'interpretazione del dettato costituzionale, preferisce chiarire ulteriormente la rilevanza delle norme in questione che "impongono una valutazione della nozione di ordine pubblico non solo nel senso tradizionale proprio agli ordinamenti giuridici preesistenti alla Costituzione, ma nel senso sostanziale quale scaturente dalle norme costituzionali sopra indicate, e cioè come adeguamento sostanziale della situazione dei rapporti sociali ai principi i dell'ordinamento giuridico vigente". Indicata la chiave, si giunge all'ergo: "...La serrata, non riconosciuta tutelabile dall'attuale Costituzione, e l'occupazione di una fabbrica delle dimensioni della Pignone è una grave turbativa dell'ordine pubblico che l'autorità pubblica non può ritenere esaurentesi nella sfera privatistica del rapporto di lavoro privato". Un concetto, quest'ultimo, molto importante per La Pira che lo assume – non pubblicamente, ma in una lettera a Fanfani – a ipotesi di legittimità che giustifica l'occupazione della fabbrica: "...gli operai non usciranno dalla fabbrica: essi difendono un loro diritto perché la Costituzione vieta la serrata, riconosce il diritto al lavoro e modifica la struttura privatistica del rapporto di lavoro trasformandolo da obbligatorio a negozio giuridico fonte di un certo diritto reale (*ius in re*); fuori legge non sono gli operai ma gli industriali![37]".

In considerazione perciò di tutti questi presupposti, ben indicati nell'ordinanza, l'intervento dell'autorità pubblica non è semplicemente richiesto, ma addirittura "si impone", nel duplice interesse dei lavoratori e dei datori di lavoro, per un fine ben preciso: "il ripristino di una immediata pace sociale che permetta alle due parti di raggiungere un accordo, più facile per l'intervento sostitutivo dell'autorità nel possesso della fabbrica".

Motivata dunque la necessità di un intervento pubblico, viene messo a punto lo strumento ad hoc, appunto la requisizione, sulla base di quelle leggi che più volte abbiamo visto[38] con l'aggiunta di un richiamo all'art. 43 della Costituzione che "prevede la possibilità di un intervento dello Stato o degli Enti pubblici per espropriare imprese che abbiano carattere di preminente interesse generale, come

[37] Lettera a Fanfani del 3.11.1953, in archivio "Fondazione La Pira".

[38] Art. 7 legge del 1865, artt. 152, 153, 217 del T.U. Legge Comunale e Provinciale 4.2.1915, n. 148.

nella specie della Soc. An. Pignone", e di un richiamo alla competenza diretta del Sindaco che, come capo dell'amministrazione comunale, "risulta essere l'organo più direttamente idoneo a rispondere dell'andamento e del buon ordine della stessa amministrazione cittadina".

L'ordinanza si conclude con una breve ma chiara lezione di diritto romano sullo scopo della requisizione, che completa il discorso fatto in precedenza sulla necessità di un intervento della pubblica amministrazione per il ripristino della pace sociale. L'atto di requisizione dunque, "ha la stessa finalità di pace che aveva in diritto romano l'analogo "uti possidetis" in quanto che con tale interdetto il Pretore si intrometteva come paciere fra le parti in causa ordinando che, per evitare pubblici turbamenti, nell'attesa che la questione fosse sottoposta ad un giudizio di merito, la situazione controversa non subisse mutamenti di sorta (Le cose stiano come stanno... "*Uti nunc possidetis... quominus ita possideatis vim fieri veto*[39]"...".

3.2. La vicenda delle "Cure"

3.2.1. I fatti

Il caso della Fonderia delle Cure fu sicuramente meno clamoroso rispetto a quello del Pignone per una serie di motivi: non essere una novità avendo proprio nel Pignone un precedente illustre; azienda di dimensioni più modeste contando circa 100 operai rispetto ai 1750; vertenza, lunga meno di due mesi, che si sviluppa interamente a Firenze senza coinvolgere, almeno pubblicamente, personalità e organismi nazionali[40].

---

[39] Nel diritto romano, questa espressione – *vieto che si usi la forza per impedirvi di possedere così come ora possedete* – designa l'interdetto concesso dal pretore a difesa del possessore attuale di un bene, nell'ipotesi di molestie o turbative già verificate o anche soltanto ritenute possibili. Il nome *uti possidetis* viene dalle parole iniziali della relativa clausola contenuta nelle Institutiones del giureconsulto Gaio (II secolo D.C.).

[40] La ricostruzione dei fatti è sulla base delle notizie apparse su "Il giornale del Mattino", salvo diversa indicazione.

Ma veniamo ai fatti. Il caso, che scoppierà nel gennaio del 1955, ha i suoi presupposti due anni prima quando la proprietà dell'azienda, la S.p.A. "Officine e Fonderie delle Cure[41]", venutasi a trovare in gravi difficoltà economiche, chiese di essere ammessa al concordato preventivo per la cessione dei beni – omologato dal Tribunale di Firenze con sentenza del 22.10.1953 – e contemporaneamente affittò la fonderia alla S.r.l. "Nuova gestione Officina e Fonderia delle Cure" la quale, pur in presenza di numerose commesse da portare a termine, per "una complicata e disgraziata serie di circostanze... non aveva raggiunto i massimi obiettivi che si era prefissi[42]" (venendosi così a trovare nell'impossibilità di corrispondere puntualmente il canone di affitto fissato in 2.000.000 mensili. In relazione a ciò la società proprietaria chiede il fallimento della società di gestione, cosa che puntualmente avviene il 9.1.1955 con la conseguente nomina di un curatore fallimentare che subito dispone il licenziamento dei dipendenti.

Il 19 dello stesso mese accade però il fatto destinato a dare tutta un'altra piega alla vicenda: il sindaco La Pira si reca alla fonderia e alle maestranze dichiara: "Sono disposto a dormire nella fabbrica insieme a voi, a fare del problema della Fonderia Cure il secondo Pignone". Tre giorni dopo il sindaco è a Roma per parlare della questione, ma sul viaggio c'è il massimo riserbo. Il 25 La Pira è ancora alle Cure, ma questa volta ha in tasca una proposta per consentire il prosieguo dell'attività: la costituzione di una cooperativa di gestione fra gli stessi operai. La proposta viene formalmente realizzata il 3 febbraio, e in quell'occasione emerge con chiarezza l'impegno di La Pira per la ricerca dei finanziamenti iniziali, ammontanti in circa 15 milioni, e per giungere ad un equo accordo con la proprietà sul canone di locazione.

Il silenzio delle cronache di quei giorni induce a pensare evidentemente all'assenza di notizie di rilievo, quindi anche negative, nonostante si abbia la certezza che La Pira solleciti assiduamente i suoi amici romani e in particolare il solito Fanfani,

---

[41] Per rigore storico si precisa che alcuni documenti parlano di "Officine e Fonderie", altri di "Officina e Fonderia".

[42] Così nell'istanza di opposizione al fallimento della S. r. l. "Nuova gestione Officina e Fonderia delle Cure".

come conferma una lettera del 13[43]. Ma il 15 febbraio "Il giornale del Mattino" con una lettera in prima pagina di La Pira annuncia che la situazione è precipitata: i 15 milioni non sono stati trovati, la Banca Nazionale del Lavoro ha rifiutato il mutuo perché avanza ancora un credito di 12 milioni dalla precedente gestione. Amare le parole del Sindaco: "...Con quindici milioni – ed anche meno – la barca che porta circa 100 operai riprenderà la sua navigazione: e queste 100 famiglie ritroveranno il loro pane, il loro lavoro e la loro pace...". Ma La Pira non si è ancora arreso, e in quella stessa lettera lancia l'idea di una sottoscrizione che lui per primo ha aperto con un milione grazie all'intervento della "Provvidenza che è come una madre". Sempre "Il giornale del Mattino" del 15 riporta la notizia che gli operai, venuti a conoscenza del diniego della Banca Nazionale del Lavoro, hanno occupato la fabbrica: azione quest'ultima che trova il sostegno del segretario della FIM–Cisl Rodolfo Annunziati motivata dalla constatata fiducia nelle capacità produttive dell'azienda.

Dice infatti l'Annunziati: "...la fonderia potrebbe produrre e dare lavoro a tutti... Le ordinazioni continuano a pervenire: i clienti seguitano a far giungere in fabbrica i loro modelli: essi stessi hanno fede, mentre nessun imprenditore fiorentino ha finora avuto il coraggio di questa fiducia. Con l'occupazione della fabbrica le maestranze contano di sbloccare la situazione".

Il giorno dopo è ancora "Il giornale del Mattino" a dare due notizie importanti: la sottoscrizione di un milione da parte di un anonimo industriale, e la comunicazione alla commissione interna, ad opera del giudice fallimentare dottor Gambogi e su richiesta dei liquidatori, dell'intimazione di cessare l'occupazione e di lasciare la fabbrica entro le ore 10 del giorno 16. Il giornale prevede però "che in mattinata sarà posto fine allo stato di occupazione, regolando la posizione giuridica delle maestranze". La previsione, probabilmente fondata su autorevoli voci di Palazzo Vecchio, si realizza puntualmente: gli operai in un primo momento lasciano la fabbrica ottemperando all'ordine della magistratura, quindi il giudice del fallimento restituisce il complesso ai liquidatori stendendo apposito verbale, subito dopo i rappresentanti del Comune consegnano ai liquidatori un'ordinanza di requisizione che affida lo stabilimento

[43] In archivio "Fondazione La Pira".

alla cooperativa. Requisita la fabbrica gli operai rientrano "legalmente" e riprendono regolarmente il lavoro.

I giorni successivi gli articoli del quotidiano sono tutti dedicati alle espressioni di solidarietà, verbale e concreta, verso gli operai delle Cure. Il primo di marzo viene riportata la notizia di una dichiarazione scritta che La Pira rilascia alla cooperativa nella quale viene assicurato il reperimento dei 15 milioni. In precedenza comunque, i soldi della sottoscrizione avevano già permesso alcune "colate".

Il contenzioso con i liquidatori della S.p.A. "Officine e Fonderie delle Cure" si risolve alle 19 e 50 del 10 marzo con la firma di un accordo tra questi e la cooperativa. Immediatamente dopo scatta la derequisizione e con questa la rinuncia al ricorso che il 21 febbraio i liquidatori avevano presentato al Consiglio di Stato[44].

3.2.2. L'ordinanza di requisizione della fonderia[45]

L'ordinanza di requisizione della fonderia ricalca pressocché integralmente quella del Pignone, di cui si è già ampiamente detto[46]. Ci soffermiamo pertanto solo sugli unici due punti di differenza che vertono, il primo sulla situazione oggettiva, il secondo su una questione più propriamente giuridica.

Sulla situazione di fatto l'ordinanza rileva positivamente la costituzione in cooperativa delle maestranze e le conseguenti concrete possibilità di una gestione attiva: è la testimonianza che anche il Sindaco, come altri[47], ha fiducia nelle capacità degli operai e nella potenzialità dell'azienda.

La seconda differenza concerne il 5° "considerato" dell'ordinanza delle Cure che ha il suo corrispondente nel 7° della Pignone. In entrambi si fa appello all'art. 43 della Costituzione sull'espropriazione di aziende di preminente interesse generale, e all'art. 7 della legge del 1865 sulla nota possibilità di "disporre della

---

[44] Vedi sopra paragrafo 2.3.

[45] Riportata integralmente nell'allegato n. 8.

[46] Vedi paragrafo 1.2.

[47] Vedi sopra il discorso di Annunziati.

proprietà privata in caso di grave necessità pubblica", salvo che, in riferimento a quest'ultima, il provvedimento per le Cure aggiunge "...e quando non sia possibile provvedere altrimenti, mancando un mezzo normale per far fronte alla situazione in atto". Non si hanno notizie che possano aiutarci a capire il perché di questa aggiunta, che è di carattere interpretativo e limita ulteriormente il potere di requisire (nel caso specifico diventa dunque una autolimitazione), forse, ma è solo un'ipotesi, è l'affermazione che fino a quel momento sono stati inutilmente esperiti tentativi bonari. O forse, ed è un'altra ipotesi, si è tenuta presente una sentenza del Consiglio di Stato del 1952[48] che annovera, fra le condizioni concorrenti per la requisizione di un'industria, il fatto che "non sia possibile frapporre alcun indugio né far ricorso ad altri mezzi previsti dalla legge": sono questi gli stessi "mezzi normali" dell'ordinanza?

Ad essere precisi, e per completezza d'analisi, è giusto notare anche una differenza di impostazione circa le finalità dell'atto di requisizione che in entrambe le ordinanze sono esplicitate nel richiamo finale al diritto romano, ma nella prima sono coronate da una premessa in cui si dice che l'intervento della pubblica autorità si "impone... per il ripristino di una immediata pace sociale che permetta alle due parti di raggiungere un accordo".

3.2.3. Il ricorso contro l'ordinanza di requisizione

Contro l'ordinanza di requisizione, i liquidatori della S.p.A. "Officine e Fonderie delle Cure" Mario Braccagni, Mario Soldaini e Mario Tanini presentarono ricorso al Consiglio di Stato, in data 21 febbraio 1955 assistiti dagli avvocati Ubaldo Baldi–Papini e Gian Carlo Giannozzi. Il ricorso si articolava intorno a quattro motivi.

Nel primo motivo si denuncia la violazione dell'art. 7 legge 20 marzo 1865 per incompetenza ed eccesso di potere, affermando che l'articolo citato conferisce al Sindaco la potestà di emanare atti necessitati "nella sua veste e qualità di Ufficiale di Governo e non di capo dell'Amministrazione comunale", invece il "Sindaco di Firenze ha dichiarato formalmente nell'8° considerando della motivazione dell'ordinanza impugnata, di avere inteso di agire e di avere

---

48 C. d. S., IV 29 ottobre 1952, n. 822, in Massimario del Consiglio di Stato.

provveduto proprio ed esclusivamente in veste di capo dell'Amministrazione". Inoltre, si rileva ancora, il Sindaco si è servito di un potere che comunque non gli spettava né gli spetta in alcuna veste, in ragione di quanto disposto dall'art. 71 secondo comma della legge sulle espropriazioni per pubblica utilità che "attribuisce al Sindaco il potere di autorizzare l'occupazione di beni privati necessari per lavori urgenti, allorché manchi il tempo di avvertirne il Prefetto, quindi in vece di lui".

Nel secondo motivo si rileva un eccesso di potere in assenza di un timore oggettivo di turbativa dell'ordine pubblico, poiché "nella motivazione dell'Ordinanza il Sindaco non fa alcun riferimento a circostanze di pericolo e meno ancora di danni in atto, ma manifesta semplicemente una sua personale apprensione". In ogni modo "non è competenza del sindaco provvedere comunque in fatto di ordine pubblico" essendo "pacifico in dottrina che gli atti necessitati che il sindaco può emanare sono quelli relativi alla sicurezza ed alla incolumità pubblica e non anche all'ordine pubblico sul quale gli spetta unicamente di vigilare e informare".

Il terzo motivo mette in luce un eccesso di potere per illogicità e travisazione di fatto. Due i presupposti. "Il primo che la liquidazione della Società p.A. equivalga allo smantellamento dell'Officina", mentre che "la liquidazione di una società può anche non coincidere con lo smantellamento degli impianti". Il secondo "presupposto inconsistente dell'Ordinanza è che la Cooperativa dei Lavoratori assicuri il lavoro agli operai" e a questo proposito basti "appena considerare che la Cooperativa ha preso la gestione con le disponibilità messe a sua disposizione non già da una iniziativa industriale, bensì da una iniziativa caritatevole di una sottoscrizione".

Il quarto motivo si fonda sul presunto eccesso di potere per sviamento, contraddittorietà ed inidoneità dell'atto al fine prefisso, in relazione non solo all'art. 7, ma anche alla circolare n. 15200/2 sez. I 20.5.1954 del Ministero degli Interni che comunque non viene mai espressamente chiamata in causa nonostante vi si avverta lo spirito[49].

---

[49] Un punto della circolare che interessa ai nostri fini: "… la potestà di urgenza della pubblica amministrazione è giustificata soltanto quando sono in gioco finalità d'ordine generale che la pubblica amministrazione vuole raggiungere per provvedere a urgenti necessità, cioè quando sussiste una contingenza di grave necessità e

Sullo sviamento, nel ricorso si fa notare come col "suo provvedimento il sindaco di Firenze si ritiene dotato di poteri su materie non solo che esulano dalla sua competenza, come quella sindacale... e quella economica... ma che, pur essendo state contemplate fra i principi generali della Costituzione, non risultano ancora disciplinate da alcuna legge dello Stato". Circa invece la contraddittorietà, si rileva che il sindaco prima definisce norme precettive gli articoli 2, 3 e 4 della Costituzione ma poi si contraddice quando afferma, al 4° considerando che "non possono in via diretta ed immediata essere applicati postulando la esistenza di norme concrete di applicazione". Quanto infine all'inidoneità dell'atto, non solo l'art. 43 Cost. richiamato dal Sindaco "si riferisce agli espropri e non alle requisizioni, ma comunque che il potere di trasferimento spetta alla legge e non già al sindaco ex art. 7 della Legge del 1865".

3.2.4. Breve considerazione

Nessuna traccia è stata trovata di un eventuale controricorso del Comune, è facile comunque presumere che, data la conclusione in tempi relativamente brevi della vicenda e la conseguente rinuncia al ricorso da parte della proprietà, le controdeduzioni del Comune non siano nemmeno state approntate.

Parte delle istanze poste trovano comunque una risposta nelle decisioni del Consiglio di Stato esaminante nel corso della trattazione delle cause per le requisizioni degli alloggi (v.), in quella sede pertanto abbiamo potuto constatare la piena legittimità dell'operato del Sindaco.

3.2.5. La vicenda delle Cure in un discorso inedito e "non fatto"[50]

Un lungo manoscritto di Giorgio La Pira, bozza di un discorso da pronunciare in Consiglio Comunale e "non fatto", come lui stesso

---

urgenza riferibile alla generalità degli amministrati, già in atto e non come previsione di minaccia ovvero relativa ad una o più parti singole, nei quali casi si sconfinerebbe facilmente nell'arbitrio...".

[50] Il discorso, integralmente riportato nell'allegato n. 9, è stato reperito presso la dott.ssa Fioretta Mazzei.

annota, è fonte di un'accorata e organica difesa di tutta l'azione svolta a sostegno della salvezza della fonderia. Si tratta di un intervento abbastanza ampio – la bozza consta di 29 pagine manoscritte – e non possiamo dunque esaminarlo per intero. Data l'impostazione del nostro lavoro ci soffermeremo però su alcuni passaggi significativi e in particolare su quello della requisizione, che più ci tocca da vicino.

Il discorso parte dalla domanda se meritava fare quanto è stato fatto, alla quale La Pira risponde appunto nelle righe seguenti, anche se comincia con un invito: "andate a vedere con i vostri occhi la gioia operosa che manifestano gli operai per il lavoro ritrovato; l'amore che essi portano all'attività produttiva: l'attaccamento intimo, quasi religioso che essi manifestano per la loro officina".

Si prosegue poi con una valutazione tecnica sul costo pagato dall'Ente pubblico per la disoccupazione dei 102 operai delle Cure che ammonta sui 9 milioni, ampliando poi il discorso alle entrate che la disoccupazione impedisce: circa 100 milioni per anno.

La Pira passa quindi ad un esame degli altri costi provocati dalla chiusura delle Cure. Innanzitutto il costo sociale: "Potete prescindere dal costo sociale? Cioè dalla rottura della pace in cento famiglie e, per riverbero, in tutta la città? Signori, la città è come una grande famiglia: la pace dell'insieme è la risultante della pace dei suoi membri".

Poi il costo politico: "gli uomini hanno necessità di vedere che il sistema istituzionale democratico è capace di risolvere, nello spazio di una libertà vera, il problema più urgente dell'uomo: quello del lavoro".

Infine il costo umano e cristiano: " Vi chiedo: se voi vi foste trovati nelle condizioni degli operai delle Cure? Se voi, coi vostri occhi, aveste assistito alla chiusura di quei cancelli che erano, ormai, come la porta della vostra casa? Cosa avreste fatto? Cosa avreste desiderato che io – vostro Sindaco – avessi compiuto? ... Non si può, signori consiglieri, non richiamare proprio a questo punto la severa lezione dell'Evangelo: l'avete fatto a me! Non l'avete fatto a me!".

Nessuna esitazione si rileva dalle parole del Sindaco nell'affrontare il *punctum dolens*: la requisizione. E "la requisizione? Questo strumento così impreveduto ed originale è uno strumento giuridicamente valido? La stampa indipendente di tutta Italia – ed anche straniera – non ha forse gridato allo scandalo? Non s'è detto che si tratta di atto illegittimo e rivoluzionario?

Posso assicurarvi, signori consiglieri: l'atto a noi pare[51] perfettamente legittimo: ha un duplice fondamento giuridico: la legge del 1865 (art. 7 all. E) – una legge votata a Firenze nella sala dei 500! – e la Costituzione.

Questo parere non è soltanto il nostro: esso è condiviso da eminenti giuristi da noi interrogati; ed ha il conforto indiretto di alcune decisioni dell'organo giurisdizionale competente: il Consiglio di Stato.

Esso ha esplicitamente riconosciuto che i problemi connessi con l'occupazione configurano ipotesi di "emergenza" per le quali trova applicazione la legge del 1865.

E quanto alla Costituzione, signori, è bene che sia detto una volta per sempre: essa non è uno schema, un programma: essa è diritto: contiene cioè tanto i germi del diritto futuro quanto la luce interpretativa del diritto vigente: prima di essere norma che diventa de *iure condendo* è norma che interpreta lo *ius conditum*!

Niente paura, quindi: questo strumento della requisizione è giuridicamente fondato: ci siamo mossi, con esso, nello spazio del diritto vigente!

Perché, signori, lo spazio di questo diritto vigente è molto vasto in Italia: bisogna solo vederlo e saperlo esplorare".

L'argomento requisizione viene ripreso dopo una giustificazione dell'occupazione della fabbrica, vista da La Pira come atto disperato degli operai: "La situazione era evidente: gli operai non avrebbero consentito a sgombrare pacificamente la fabbrica senza la sicurezza di rientrarvi subito dopo, ad altro titolo: per raggiungere questo intento non c'erano che due vie: o quella di un accordo immediato fra le parti (cooperativa e liquidatori): e questo accordo immediato non era fisicamente possibile: o quello della requisizione!".

La parte successiva è interamente dedicata a rimarcare la validità economica dell'operazione Cure, anche se impregnata dall'amarezza

---

[51] Le parole *a noi pare perfettamente* sono aggiunte sopra la riga, sostituendo l'espressione della prima stesura *è*.

di non aver trovato fra gli industriali e i banchieri i famosi 15 milioni pur avendo egli, come Sindaco, "portato a Firenze più di 12 miliardi di investimenti diretti (oltre quelli indiretti)".

Il discorso si conclude con l'affermazione chiara del principio che ha guidato l'azione del Sindaco in tutta la vicenda: "di un principio che sta a fondamento di tutto il nostro ordinamento giuridico e politico quale la Costituzione l'ha disegnato: di un principio radicato nella natura umana; alimentato dalle fonti vive della grazia e dell'Evangelo: riaffermato vigorosamente nell'ultimo messaggio di Pio XII: il principio secondo cui non l'uomo è fatto per il sistema economico, ma il sistema economico è fatto per l'uomo".

Ogni commento è inutile.

3.3. Requisizioni dell'Officina Gas

3.3.1. La vicenda[52]

Come abbiamo già visto a proposito dei casi "Pignone" e "Cure", gli inizi degli anni '50 sono caratterizzati da lunghe vertenze aziendali che vanno dalla difesa del posto di lavoro al miglioramento delle condizioni – non solo economiche – degli operai.

Quest'ultimo è il caso dei lavoratori dell'Azienda del Gas di Firenze, gestita dalla Società Italiana Gas in ragione di una concessione del Comune siglata il 19 giugno del 1930, caso che darà luogo tra il 1952 e il 1954 a due requisizioni da parte del Sindaco. La vicenda non ebbe però la risonanza di altre analoghe, come si può rilevare non solo dalle cronache di quei giorni, ma anche dai ricordi diretti dei protagonisti della vita politica fiorentina del tempo.

La prima requisizione ebbe luogo il 24 aprile 1952, dopo che era stato proclamato lo sciopero dei gassisti, e trova sostanzialmente d'accordo la stessa Azienda, come si può rilevare dal contenuto dell'ordinanza. Si trattò di una vertenza semplice, tanto che il 3 maggio successivo viene decretata la derequisizione essendo stato raggiunto un accordo tra le parti.

---

[52] I fatti riferiti sono tratti dal giornale "Il Mattino".

Più complessa invece la requisizione del 20 maggio 1954 che, pur essendo stata originata da analoghi motivi, dette luogo ad uno sviluppo giudiziario davanti alla GPA e davanti al giudice ordinario. Il primo aspetto verrà diffusamente trattato nelle pagine seguenti, il secondo è invece connesso a un intervento sicuramente insolito del Sindaco. La Pira infatti si trovò a dover affrontare l'intransigenza della Società Italiana Gas che non voleva in alcun modo giungere ad un accordo, con conseguente minaccia di nuovi scioperi da parte delle maestranze, scioperi che però sarebbero rientrati se il potere calorico del gas fosse stato portato da 3500 a 4100 calorie: cosa che non avrebbe avuto riflessi sulla cittadinanza, che anzi ne avrebbe giovato, ma che invece avrebbe causato un danno di circa 700 mila lire al giorno alla società in ragione delle maggiori spese sostenute[53]. A questo punto La Pira avvalendosi dell'art. 10 della citata convenzione del 1930, che appunto prevedeva l'aumento del potere calorico, il 16 giugno 1954 dispone il detto aumento a partire dal successivo 21 giugno. L'azienda impugnò il provvedimento davanti al Pretore sostenendo che gli impianti domestici non erano predisposti in tal senso, e che pertanto si potevano temere conseguenze gravi per gli utenti: il giudice accolse tali motivazioni e sospese il provvedimento, rinviando però la causa al Tribunale perché decidesse nel merito la questione dei rapporti tra Comune e Società. Al Tribunale la Società chiese una dichiarazione di inefficacia della convenzione, sostenendo che le clausole in essa previste erano attualmente sostituite dalle disposizioni del CIP, ma la domanda venne respinta con sentenza della marzo 1955 che revocava anche il provvedimento di urgenza emesso dal Pretore.

Detto questo per quanto concerne la causa civile, c'è da aggiungere che non è nota la data della chiusura della faccenda requisizione, nulla essendo stato trovato né nelle cronache cittadine, né negli archivi del Comune.

[53] L'aumento del potere calorico del gas, per dirla semplicemente, comporta da un lato agli impianti domestici l'arrivo di un gas che riscalda di più, dall'altro maggiori spese di fornitura dovute sia alla materia prima che a un diverso utilizzo degli impianti di erogazione.

3.3.2. L'ordinanza di requisizione del 1952[54]

L'ordinanza di requisizione dell'Azienda del Gas è molto diversa da quelle viste finora: mancano infatti le grandi considerazioni giuridiche con tutti i riferimenti alla Costituzione e alle difficoltà della sua applicazione. Essa insomma riflette in pieno la minore vastità del caso che viene stimato prevalentemente sotto l'aspetto delle implicazioni sociali, ma ha anche la peculiarità di palesare, tra le righe, una sorta di non disaccordo al provvedimento da parte della società che subisce la requisizione. Il provvedimento dunque si apre con la constatazione che è stato dichiarato lo sciopero dei gasisti, e che pertanto la mancanza di gas, utilizzato in quasi tutte le famiglie "ed in special modo in quelle meno abbienti", darà indubbiamente adito ad uno stato di "disagio che avrà gravissime ripercussioni sull'ordine e sulla sicurezza pubblica e determinerà inoltre pericolo per la incolumità cittadina".

Si mette poi in risalto il fatto che trattandosi di un servizio pubblico gestito su concessione del Comune, questi non può disinteressarsi dello sciopero "ma che anzi deve prendere le più opportune misure per evitare i gravi inconvenienti che ne derivano... nell'esclusivo interesse della cittadinanza e non a favore dell'una o dell'altra delle parti in conflitto". Quest'ultimo periodo ha evidentemente lo scopo di mettere in risalto che l'intervento dell'Amministrazione è dovuto solo a ragioni di pubblica utilità, al fine di evitare la possibile critica di aver fatto uso di uno strumento grave come la requisizione per mero sostegno a una posizione di parte.

All'inizio avevamo detto di una velata disponibilità, da parte della proprietà, alla gestione provvisoria del Comune: il fatto si evince dal seguente passaggio: "Ritenuto altresì che la società concessionaria non ha interesse di opporsi alla gestione provvisoria, che ha solamente lo scopo di scongiurare i depreca ti disagi della popolazione...": quel "non ha interesse" è appunto la chiave di quanto si sostiene.

Infine si rafforza il concetto dell'intervento della Pubblica Amministrazione in caso di sospensione di pubblico servizio, precisando che tale intervento è dovuto "sia nel caso che la sospensione del servizio sia dovuta ad inadempimenti imputabili al

---

[54] Vedi allegato n. 10.

concessionario e sia in qualsiasi altro caso di impossibilità obiettiva a continuarlo".

Molto breve il richiamo alle norme del caso, che si risolve in un "Letti e applicati gli artt. 153 della Legge comunale e provinciale 4 febbraio 1915 n. 148 ed i nn. 7 ed 8 della legge 20 marzo 1865 n. 2248 allegato E". Da notare il richiamo anche all'art. 8 della legge 2248 che prevede, tra l'altro, la facoltà dell'autorità amministrativa di procedere alla somministrazione nei casi di controversie sulle stesse.

3.3.3. L'ordinanza del 1954[55]

L'ordinanza di requisizione del 20 maggio 1954 ricalca in toto quella del 1952, ma essa è però più sintetica in quanto mancano alcuni passi; di questi, due ci sembrano degni di nota a differenza di altri che sono invece di poco conto.

Innanzitutto manca il non interesse della società a opporsi alla gestione provvisoria, segno questo di un clima fra azienda e Comune ben diverso rispetto a due anni prima, il che trova poi diretta conferma nel ricorso alla GPA da parte della Società.

In secondo luogo, nella considerazione finale sul dovere di intervenire da parte della P. A., manca quell'elemento rafforzativo circa l'inadempienza o l'impossibilità del concessionario a proseguire il servizio: il perché della omissione non si riesce a capire, né ci sono elementi per azzardare alcuna ipotesi.

3.3.4. Il ricorso della Società davanti alla G. P. A.

Contro l'ordinanza del 1954 la Società Italiana per il gas – rappresentata dall'avv. Baldi–Papini – presentò ricorso davanti alla GPA di Firenze. Il ricorso verteva su quattro motivi.

Primo motivo. "Eccesso di potere per sviamento avendo il Sindaco di Firenze fatto uso di poteri al di fuori dei casi consentiti e dando provvedimenti inidonei al fine previsto". A sostegno di tale motivo si afferma l'inesistenza di argomenti tali da giustificare il potere ex articoli 153 del T.U. del 1915 e 7 della legge del 1865, in quanto "il

[55] Vedi allegato n. 11.

loro esercizio presuppone una situazione in atto oggettivamente rilevante" mentre che lo sciopero può essere una previsione "e non mai, come tale, una causa certa e determinante". L'ordinanza del Sindaco è inoltre inidonea allo scopo perché "nessuna disposizione vieta fino ad oggi lo sciopero nei confronti della p. a.".

Secondo motivo. "Violazione degli articoli 152, 153, 217 T.U. 4 febbraio 1915, n. 148 e 55 T.U. 3.3.1934, n. 383. Eccesso di potere per sviamento e travisamento". In poche parole il nocciolo dell'argomentazione: "Il potere di ordinanza, illimitato quanto all'oggetto per il Prefetto, è limitato per il Sindaco alla materia della sicurezza pubblica e dell'igiene", ed a questo proposito vengono richiamati i poteri di ordinanza in tema di demolizioni di fabbricati e di muri pericolanti, e quelli in tema di polizia delle miniere.

Terzo motivo. "Violazione degli artt. 7 e 8 legge 20 marzo 1865, n. 2248, all. E. Eccesso di potere per travisamento, sviamento, ingiustizia manifesta ed arbitrarietà". In questo terzo motivo è da rimarcare una lettura sicuramente originale dell'art. 7 poiché si sostiene che "la generica designazione della autorità amministrativa, quale titolare di un così indiscriminato potere di disposizione della proprietà privata, deve necessariamente portare a ritenere che l'art. 7 presuppone un potere già riconosciuto da altre norme e non fa che dettare la procedura da seguire per assicurare, in pendenza del giudizio, l'esecuzione dei provvedimenti emanati". Successivamente si passa ad affermare che gli inconvenienti di ordine pubblico devono essere attuali e non eventuali, e che inoltre l'ordinanza di requisizione era giunta durante il secondo giorno di sciopero e niente fino ad allora era accaduto da poter fare temere turbative all'ordine pubblico.

Infine il quarto motivo. "Eccesso di potere per incertezza circa il tipo di provvedimento adottato – Illogicità – Sviamento". Si afferma qui che non è chiara la causa determinante che ha indotto il Sindaco ad emettere l'ordinanza in questione. "Ha egli inteso assicurare la continuazione del servizio del gas o impedire il turbamento dell'ordine pubblico oppure preservare la pubblica incolumità?". Comunque di nessuna delle tre esisteva il presupposto. "La prima ipotesi è inconsistente, perché il gas non ha carattere di assoluta insostituibilità... Nei riguardi dell'ordine pubblico, neppure la più remota minaccia, come già detto, si era profilata né era logicamente temibile... Nessun rischio, e ciò è ovvio, correva né poteva correre la pubblica incolumità, intesa come tutela della persona fisica, al seguito della mancanza del gas".

La Società fece ricorso anche al Consiglio di Stato, ma di esso l'unica notizia è costituita da un riferimento nel controricorso del Comune davanti alla GPA.

3.3.5. Il controricorso del Comune

Nella sua opposizione al ricorso il Comune si muove su due piani distinti: innanzi tutto si contesta la competenza della GPA, e in secondo luogo si avanzano, comunque, brevi critiche alle motivazioni della ricorrente.

L'eccezione di incompetenza viene sollevata affermando che il provvedimento è sostanzialmente centrato sugli articoli 7 ed 8 della legge del 1865, e che le questioni intorno ad essi non rientrano tra le competenze della GPA ma in quelle del Consiglio di Stato.

Puntuali, poi, le critiche alle motivazioni del ricorso.

Circa il primo motivo, "si dimentica... che l'autorità amministrativa ha il potere–dovere di garantire la continuità del pubblico servizio dato in concessione al privato"; contestata è anche l'inidoneità dell'atto: "con la presa di possesso dell'azienda da parte del Comune si ottenne che lo sciopero non venisse attuato".

Sul secondo motivo si ricorda che la legge affida al Sindaco "la tutela della sicurezza pubblica nel suo significato più generale", mentre che nel ricorso "si sofistica sulla portata della parola "sicurezza" che... dovrebbe significare soltanto la "incolumità" delle persone transitanti per la pubblica via".

Il terzo motivo, invece, che vuole l'art. 7 come norma procedurale di un potere già riconosciuto, "non trova serio fondamento, e ad ogni modo nel caso presente si verifica appunto la preesistenza di un potere già riconosciuto da altre fonti", riservando ogni altro chiarimento nel controricorso al Consiglio di Stato.

La confutazione del quarto motivo è incentrata intorno a considerazioni che potremmo definire di carattere etico, poiché il chiedere la causa determinante è il frutto di una "mentalità... ancorata tuttora a vecchi e superati schemi di disquisizioni teoriche ancorate solo alla tutela degli utili degli azionisti". Schematica, forse per esser tagliente, la risposta alla domanda del ricorrente. "Il Sindaco ha inteso: 1) assicurare la continuazione del servizio del gas; 2) ciò facendo, impedire il turbamento all'ordine pubblico, cui ogni sciopero porta minaccia; 3) preservare infine la pubblica sicurezza od incolumità (se tal parola è dalla ricorrente preferita) sempre compromessa da agitazioni e da scioperi".

3.3.6. La sentenza della G. P. A.

La GPA dichiara la propria incompetenza rinviando il ricorrente al Prefetto in via gerarchica, "stante il rapporto di gerarchia tra questo e il Sindaco nella sua veste di Ufficiale del Governo", un punto, quest'ultimo, "ormai pacifico e concordi sono ancora le parti nelle rispettive memorie".

Certezza, inoltre, esprime la decisione sulla via gerarchica che non viene intaccata nemmeno dalla nota legge 996 del 1950, anche se le parti mai hanno fatto riferimento ad essa.

"Per quanto riguarda poi la necessità del ricorso gerarchico in tali casi... la legge n. 996 del 30.11.1950... è stata evidentemente dettata per i provvedimenti del Prefetto... (e) Non pare che la norma possa estendersi analogamente agli articoli adottati eccezionalmente dal Sindaco...", essendosi limitata a dichiarare "definitivi i soli provvedimenti del Prefetto".

Il ricorso gerarchico al Prefetto però non venne mai fatto.

4. Conclusioni

L'aver ricostruito la vicenda delle requisizioni effettuate da La Pira nel corso della prima amministrazione civica da lui presieduta, ci fornisce gli elementi per fare alcune considerazioni conclusive di carattere storico e giuridico.

Sul piano storico sono venuti alla ribalta casi come quello delle Cure che la storiografia fino ad oggi considera molto marginalmente, o addirittura ignora quasi del tutto come avviene per il caso dell'Azienda del Gas, essendo invece più interessata dai fatti della Pignone che sicuramente anche all'epoca ebbero una più vasta eco. Eppure sia per le Cure che per l'Azienda del Gas ci troviamo di fronte a due episodi di requisizione di aziende – quella della Pignone, si ricorderà, fu solo minacciata – al fine di tutelare i diritti dei lavoratori che in epoca recente non trovano riscontro in quanto alla tutela di tali diritti provvede un'apposita normativa.

Sul piano giuridico, le vicende trattate circa le requisizioni delle case hanno mostrato la grande incertezza che c'era in materia di requisizione – autorità competente per l'emanazione, circostanze, organo competente per il ricorso – ma le decisioni del Consiglio di Stato, ampiamente analizzate, pongono un punto fermo sulla legittimità dell'operato del sindaco La Pira che, come Ufficiale del Governo, non agisce emotivamente, ma con cognizione di causa in forza di un potere che la legge gli conferisce. Appare perciò alquanto dubbia l'affermazione di Piero Bargellini, assessore proprio in quegli anni, che in proposito, nella sua celebre storia di Firenze, scrive che La Pira "sapeva bene che la legge permetteva al sindaco tali provvedimenti solo in caso di calamità[56]".

Oggi a Firenze la crisi degli alloggi ha riaperto il capitolo delle requisizioni delle case, anche se esse non suscitano più il clamore di un tempo, ma la giurisdizione del TAR della Toscana è costante nel ritenere legittimo il potere del sindaco solo però quando l'urgenza non permette l'intervento del prefetto, che a Firenze sarebbe sempre possibile trattandosi di città sede di Prefettura.

[56] PIERO BARGELLINI. La splendida storia di Firenze, Volume 4.

5. Allegati

Allegato 1: La legalità come garanzia di libertà e di verità (Relazione inedita dell'onorevole La Pira)

Devo premettere che questi miei appunti sono stati preparati per una conversazione tecnica. Quindi vi dirò quello che sarà necessario. I temi si toccano tutti. Sono come le ruote di uno stesso organismo: ne tocchi una, e tutto l'organismo ne risente. Quanto ha detto stamani il nostro carissimo Dossetti rientra di nuovo, sia pure sotto altri motivi.

Il tema è formulato così: "La legalità come garanzia di libertà e di verità". Capite bene che per risolvere questo tema bisogna analizzare tutti i termini: che cosa intendete per legalità, che cosa intendete per libertà e che cosa intendete per verità. Secondo la definizione che date di questi tre termini, la soluzione del problema può essere diversa. Quindi c'è una ricerca, che si farà rapidamente.

Quale è l'importanza anche politica del tema? Basta riallacciarsi all'esperienza dello Stato cosiddetto totalitario. Ricordo che quando si faceva una piccola rivista, una volta nella premessa venne richiamato un testo di Aristotele, che è di un'importanza straordinaria e che poi è commentato da San Tommaso nei Politici. Il testo diceva così, nel suo concetto: l'uomo vuol essere governato dalla legge e non dall'uomo. Quindi affermava il principio della legalità, cioè il fondamento di tutto l'ordinamento giuridico e la certezza del diritto, vale a dire questo sistema che predetermina gli spazi giuridici della persona umana. In parole povere, che io sappia esattamente quali sono i confini del mio spazio giuridico. Accentua questa qualifica di spazio giuridico: io devo sapere proprio quali sono i miei diritti subiettivi, quelle che sono le violazioni di questi diritti e quali sono gli atti illeciti che io non posso compiere sotto pena di commettere reato. Quando un ordinamento giuridico mi ha detto quali sono i miei diritti subiettivi fondamentali di diritto privato e di diritto pubblico, quando mi ha detto quali sono gli strumenti formali e processuali con cui questi diritti subiettivi vengono garantiti e quando mi ha detto quali sono gli atti illeciti che io non posso giuridicamente commettere, in questa maniera il mio orto è esattamente definito: i confini sono precisati, latio finium.

Quindi quel testo di Aristotele significava questo, poi commentato e accettato da San Tommaso: la certezza del diritto, cioè la predeterminazione dello spazio giuridico entro il quale può liberamente muoversi la persona umana. Questo è il punto ineliminabile per la garanzia della libertà dell'uomo.

Che cosa era giuridicamente il fascismo e il nazismo? Che cosa è giuridicamente il comunismo? È la violazione di questo principio. Si potrà analizzarlo in base a qualsiasi testo legislativo.

Quello che manca è appunto la predeterminazione della sfera giuridica di ognuno, dei diritti subiettivi, degl'illeciti predeterminanti. Tanto è vero che tutti quanti ci ricordiamo la famosa questione dell'analogia nell'interpretazione delle norme penali, il che significa che un ordinamento giuridico ammetta l'analogia dei reati, cioè che un atto il quale non era illecito quando fu compiuto, possa per estensione della logica essere considerato illecito? Significa che lo spazio giuridico della persona non esiste più.

È caratteristico che ogni qual volta si affaccia la struttura di uno Stato totalitario, primo ad essere vulnerato è proprio questo principio della predeterminazione degli atti illeciti.

Dicevano i Romani: Nullum crimen sine lege.

Quando voi violate questo principio, lo spazio giuridico e quindi la libertà e quindi la personalità umana ricevono un colpo profondo.

Dal punto di vista giuridico noi possiamo definire che uno Stato è totalitario quando vìola il principio della certezza del diritto, cioè quando vìola il principio dello spazio giuridico riservato ad ogni uomo.

Quindi il problema ha un'importanza politica straordinaria, per cui potremo dire così a qualunque costruzione politica e giuridica: quali sono le vostre carte, i vostri documenti, che vi accreditano presso di noi? Se in queste carte, in questi documenti, manca il principio della certezza, ci dispiace, non possiamo accettarle. Ma si dice: è fatto secondo le cose più semplici... Non ce ne importa niente! Primo e fondamentale è questo principio, che regge l'architettura del mondo giuridico.

Accanto a San Tommaso bisogna ricordare quella bella frase di Cicerone, che esprime questo concetto: Servi legum sumus ut liberi esse possimus.

La libertà giuridica è un riflesso dell'ordinamento giuridico, perché una volta che l'ordinamento giuridico, cioè questo sistema di norme, ha definito lo spazio entro cui io posso muovermi, anche se questo spazio è piccolo, purché sia predeterminato, la mia libertà entro quei confini è garantita. Quando, invece, si tratta anche di uno spazio largo, ma che potesse essere violato continuamente dall'intervento dello Stato, non potremmo più avere garanzie di libertà. Quindi: la legalità è garanzia della libertà.

lo direi quindi: 1°) – se esiste un nesso essenziale (forse questa parola è un po' eccessiva, ma concedetemela) fra la libertà e la legge, nella quale in ultima analisi si risolve la libertà? 2°) – perché esiste questo nesso essenziale fra la legalità (quindi la legge) e la libertà? 3°) – come Legge e Libertà reciprocamente si compenetrano?

Questi tre problemi dovremo rapidamente analizzare.

Per risolvere questi tre problemi che hanno una ripercussione su tutto l'ordinamento giuridico e politico attuale, tutte cose che stamattina ci ha dette, nel suo parlare storico, l'amico Dossetti, si conducono in fondo a questo; pensate questi problemi e riferiteli al Rousseau, al pensiero marxista, a San Tommaso: voi avete mondi diversi. Basta che la proporzione, il rapporto fra questi due elementi: legge e libertà, sia di poco modificata, e avete ordinamenti giuridici e politici che radicalmente differiscono l'uno dall'altro. Diceva stamane Dossetti: se voi volete sapere quale è il tipo di democrazia che cercate, dovete vedere quale è la libertà, il tipo di libertà a cui si àncora. Se volete sapere quale è il rapporto Legge e Libertà, bisogna vedere come si analizzano questi problemi di cui vi ho parlato.

Questi problemi vanno veduti su due piani diversi: un piano naturale e un piano giuridico. Perché questa distinzione di due piani? Una cosa è certa: l'ordinamento giuridico è come la maschera che si mette un organismo, è un sistema di norme che rispecchia e riveste una realtà determinata. Quindi come fate voi ad organizzare il sistema giuridico, a costruire questa maschera, a fare questo vestito, se non sapete esattamente quando è possibile, il corpo a cui il vestito va attagliato e a cui la maschera va posta? Quindi questi tre problemi toccano prima il piano naturale – l'uomo quale è, secondo la sua struttura naturale e secondo il suo corso storico – e poi come il Diritto costruisce, sulla base di questa realtà naturale e storica, i suoi ordinamenti.

Questi tre problemi devono quindi essere visti sui due piani.

Cominciamo dal piano naturale.

Primo problema: – Esiste un nesso essenziale fra la libertà e la legge? La risposta ve la faccio ricavare da voi medesimi, perché vi richiedo: scusate, l'uomo in quanto è un essere, ha una dipendenza? Questo è il punto: ha una dipendenza, cioè dipende dalle cose in mezzo alle quali vive, e dalla società nella quale è inserito? Dipende, si o no?

Se l'uomo dipendesse dalle cose nelle quali è inserito e dal sistema sociale nel quale è inserito, la dipendenza da una norma di fondo che è la sua dipendenza da Dio, se esistesse questa dipendenza solidale, vuol dire che esiste una legge che è radicata nel suo essere di persona. Per il fatto che egli esiste, egli esiste secondo una norma che lo fa dipendente dalla causa prima, dalle cose, dal corpo sociale nel quale è organicamente inserito. L'aspetto della libertà viene quasi messo in ombra. Quel che qui campeggia è l'aspetto della legge. Solo per il fatto che esisto, io mi trovo in un rapporto di dipendenza dalla causa prima, dalle cose, dal corpo sociale, e in conseguenza sono sottoposto a una legge, quale che sia. Se sono sottoposto a una legge, io sono sottoposto a un complesso di norme che organicamente sono collegate fra di loro. Vien fuori di qui la libertà.

lo sono un essere, spirituale, e se lo sono, quindi ho la facoltà di scelta, sono libero: e siamo d'accordo, perché la libertà si radica nell'intelletto. La volontà, per il fatto che c'è l'intelletto, ha questa facoltà di scegliere; ma questa libertà, è una libertà disancorata dalla norma, o è una libertà che costituzionalmente è ancorata? La legge sussiste perché è obiettiva, sta, è scritta nella natura della persona, in quanto essa ricava questa dipendenza dalla causa prima, dalle cose e dalla società. Quindi tutta la teoria della libertà – che effettivamente pagine più decisive di quelle di San Tommaso non vi sono in proposito –, è una libertà che è possibilità di scelta nei mezzi, possibilità di scelta sui punti non fondamentali ma in ordine al fine ultimo. Questa libertà di scelta finisce. Questa libertà è orientata e non disorientata e disorganica e disancorata. Poiché esiste anteriormente ad essa una legge, la libertà e la legge sono due termini che inscindibilmente si postulano perché e in quanto concernono la persona umana. Ciò è di estrema importanza, perché se questo è vero, voi vedete quello che poi verrà nell'ordinamento giuridico. Intanto fin d'ora avete fissato la risposta di questa dipendenza, di questa libertà ancorata. È un problema grosso, che i teorici conseguono a fondo.

Passiamo alla seconda domanda: c'è una libertà, e questa libertà è ancorata a una legge. Siamo sul piano naturale. La seconda domanda consisteva in questo: perché esiste una legge alla quale la persona umana e quindi la libertà umana è ancorata? È un perché la cui risposta va ricercata nel principio di solidarietà che regge le cose e gli uomini, regge la natura, principio che San Tommaso esprime: *omnia quae sunt ad indicem ordinata sunt*. La legge c'è. La libertà è ancorata perché gli esseri e le persone quando sono ordinati reciprocamente per formare degli organismi, sono un'unità di ordine e non sostanziali. Non c'è un principio organico che li colleghi gli uni agli altri. Quindi la legge esiste, perché c'è una dipendenza, e questa dipendenza esiste perché siamo membri di una realtà associata, organica, cioè naturalmente gli uni fatti per gli altri; dimodoché il principio di socialità, come la legge, è iscritto nelle cose, nell'essere. Questo è molto importante, perché vedete che questa legge è costruttiva ed è destinata a produrre organismi di diverso valore.

Terza domanda: come questi organismi provocati da questa legge si articolano? La risposta è semplice. Si articolano ordinatamente. Multitudo ordinata, come dice San Tommaso, cioè a nuclei successivi. Una grande unità, ma articolata in tante unità: il principio della molteplicità nell'ordine.

Queste sono le tre risposte che ricaviamo dall'osservazione del piano della natura. Metto subito in confronto a questa visione organica (libertà ancorata alla legge; la legge fatta per costruire organismi, perché la realtà è organismo, e questa realtà organica articolata in un multitudo ordinata) questa concezione che è fondata sull'essere, è come una concezione di Kant, dal quale nasce la concezione nuova della libertà. Sì, Rousseau, Danton, ma da Hobbes in poi si parla di questo.

Se voi prendete queste tre domande e le trasportate sul piano di pensiero di Kant o di Rousseau, o già prima di Hobbes, col famoso postulato: L'uomo non è animale politico; e se domandate la risposta ai tre problemi, avrete risposte radicalmente diverse: 1°) – la libertà non è ancorata a una legge; 2°) – non v'è legge costruttiva di organismi; 3°) – alla visione asociale corrisponde la realtà disorganizzata.

Voglio fermare l'attenzione vostra sull'analogia che è uno strumento imponente di ricerca.

Se io mi riferisco un momentino all'ordine fisico e vedo i tre problemi, la mia risposta è questa: guardate le pagine bellissime dell'astronomia. Che cosa campeggia nell'ordine fisico? La legge. Manca la libertà. Ma potete negare che con la legge coesiste l'operazione dei singoli esseri? No! la legge la quale governa, elimina ogni possibilità di autonomia, ma non elimina l'azione; la legge che definisce quale è l'ambito di ogni essere, quale circuito deve seguire l'azione. In questa maniera si definisce la sfera di azione degli esseri. Quindi vedete tutte queste sfere degli esseri che formano poi organicamente questa realtà fisica che è la legge strutturale di cui parlavo. Questa analogia ci faciliterà la soluzione dei problemi sociali.

Nel campo giuridico definiremo la libertà e la legge. Subito mi domando: che cosa è la libertà in senso giuridico? Libertà in senso giuridico è quel che vi dice un giurista romano: *Naturalis facultas* di fare quelle cose *quod facere libet nisi vi aut jure prohibeatur*: – Fare ciò che si vuol fare, però nell'ambito dell'ordinamento giuridico.

Sorge una questione: chi crea la libertà giuridica? I positivisti hanno ragione quando vi dicono: è una libertà riflessa, purché si tenga presente quello che abbiamo detto pocanzi in ordine al piano naturale. È un fenomeno riflesso dell'ordinamento giuridico, il quale funziona come funziona nel mondo fisico il complesso delle leggi; definisce le sfere e gli esseri si muovono nell'ambito di quelle sfere. L'ordinamento giuridico è un sistema di norme le quali hanno questa finalità, di predeterminare gli spazi giuridici e in conseguenza è generatore della libertà giuridica.

Sorge allora la questione: c'è un nesso essenziale fra la libertà giuridica e l'ordinamento giuridico?

Si capisce. Qui la parola essenziale è l'unica che rende il concetto. Se non esistesse l'ordinamento giuridico che predetermini gli spazi giuridici, non esisterebbe neanche la libertà giuridica, quindi qui si può dire veramente che la concezione alla quale è sospesa la nascita e l'esercizio della libertà, è l'esistenza di un ordinamento giuridico.

Questo è il primo problema. Il secondo problema era questo: se la legge è costruttiva di organismi giuridici, la risposta è evidente. Perché esiste una legge? Perché esiste l'uomo associato. Non ha senso parlare di diritto quando non c'è società: *ubi societas ibi jus*.

Fermiamoci un po' sul concetto di ordinamento giuridico, in cui è la chiave del problema. Si diceva pocanzi: quale importanza ha questo ordinamento giuridico. Io non vi dico se sia giusto o no. Per ora prescindiamo dall'uomo quale è e dai suoi diritti naturali. Guardiamo obiettivamente l'esistenza di questo complesso di norme che sono le norme di diritto privato e le norme di diritto pubblico, la famosa distinzione dei Romani, non di diritto privato che concerne la mia personalità giuridica, la mia famiglia, concerne il mio diritto di proprietà per quanto piccola sia, anche supposto uno Stato con costruzione estremamente comunista, sino a quando mi lasceranno la giacca di cui sono proprietario: esiste un diritto di proprietà che ha una sua struttura, esistono l'obbligazione e la successione. Tutto il complesso di queste norme di diritto privato costituisce la garanzia, la determinazione della mia sfera giuridica.

Passiamo al diritto pubblico, di cui abbiamo in questi giorni un argomento così importante: il diritto costituzionale. Esso predetermina la libertà cosiddetta civile, predetermina la libertà cosiddetta politica, cerca di predeterminarla, dei diritti economici, e soprattutto dopo questa predeterminazione di diritto, ricostruisce predeterminandoli gli organi legislativo, esecutivo e giuridico e infine dà la suprema copia costituzionale.

Perché questa predeterminazione di libertà civili, politiche, economiche, questa predeterminazione degli organi legislativi, esecutivi e giudiziari del massimo organo costituzionale, perché? La risposta è già nel principio fondamentale: perché bisogna che tutte queste norme private e pubbliche siano fra loro così organicamente connesse da poter precisare matematicamente quali sono i fondamentali diritti della persona e gli atti illeciti che la persona non può giuridicamente commettere, gli atti giuridicamente illeciti che la persona non deve compiere per non violare l'ordinamento giuridica e per non provocarne la reazione.

L'esistenza di questa gruppo imponente e organico di norme di diritto privato, di diritto pubblico, di diritto processuale, non ha che un solo scopo: definire lo spazio giuridico dentro il quale deve muoversi la personalità umana.

Allora, che cosa è la libertà giuridica? La libertà è il riflesso di questa mondo di norme. La legalità crea la libertà e ne garantisce l'applicazione.

Come storicamente si è costruito quest'ordinamento politica? Ci sono delle pagine di una grande bellezza. Conoscitori del Diritto Romano e del Diritto moderno ci hanno mostrato come il Diritto è questa gruppo di norme. Questa visione sia pure formale, questa garanzia formale, questa garanzia formale della libertà giuridica, è una conquista gigantesca e ineliminabile della civiltà umana, una conquista che è frutto di due forze: per un verso quella tecnica, ma è soprattutto frutto di quel profondo valore della persona umana che ebbe il Cristianesimo.

L'incontro di questi due fattori, la tecnica giuridica elaborata con tanta esattezza dalla giurisprudenza romana, e poi trasformata per una storia di due millenni, sino a noi, oggi, se confrontate qualunque Codice: cinese, giapponese, sovietico, trovate sempre alla base il Diritto romano: e di questa tecnica giuridica elaborata in questi due millenni, è questa un apporto ineliminabile della civiltà e del diritto, talché si può dire che il diritto, questa albero che si è così largamente specificato, fonda le sue radici nel diritto di mondo romano che si alligna al di fuori del Cristianesimo ed è riuscito a creare un mondo statico. Dovunque c'è un ordinamento giuridico costruito tecnicamente, ivi c'è l'apporto della civiltà romana e cristiana.

Questa mondo obiettivo del diritto è la giustizia fatta organismo. Questo è la giustizia che voi vedete visibilmente incorporata nelle norme. Qui sorge il problema: questo ordinamento giuridico, questo complesso di norme che definisce con certezza gli spazi giuridici, è sempre un ordinamento giuridico giusto, fondato, o invece può avvenire che quest'ordinamento giuridico non sia giusto, non sia fondato e che vi sia discrepanza fra la realtà su cui deve poggiare nella natura umana e le sue strutture esterne, rapporto di diritto privato e rapporto di diritto pubblico? Questa è la fondazione del magnifico volume sulla certezza del diritto.

Gli ordinamenti giuridici da cui nasce la libertà giuridica che definiscono questi spazi, possono tutti essere malati alla base. Ci può essere qualche fondamento che urta contro la natura umana. Qui sorge il principio della cosiddetta idea madre dell'ordinamento giuridico; vale a dire: se con la concezione che si ha di quel piano naturale di cui pocanzi abbiamo parlato, l'ordinamento giuridico che è una conquista piena di valore, con un valore profondo, quest'ordinamento giuridico si colorisce e si fonda diversamente. Se voi prendete l'ordinamento giuridico fondato sul concetto di libertà quale ha avuto la Russia o quale ha Marx, vedete che quest'ordinamento giuridico anche se avesse rispettato il principio della certezza del diritto, tuttavia ha un errore di fondo, cioè appartiene a una specie che non è corrispondente alle esigenze intrinseche della libertà umana, perché parte da concetti errati di libertà umana.

Dunque può esistere la certezza del diritto, la garanzia formale della libertà umana e tuttavia può esserci un errore di fondo, perché questa costruzione si basa sul fondamento che la libertà è umana.

Qui comincia il grande problema della critica contemporanea.

Perché la libertà ci sia, e sia garantita, è necessario: la certezza del diritto, l'ordinamento giuridico, affermando che quest'ordinamento giuridico deve riposare sui vari fondamenti della natura umana e della libertà umana, altrimenti quella libertà ha uno spazio un po' eccessivo a destra o a sinistra, è troppo esigua o è troppo vasta.

Se accettiamo la concezione della libertà rousseauiana o kantiana, è eccessiva, disorganica, troppo estesa. Se ne accettate una di diritto, è un concetto di libertà troppo privata e chiusa. Bisogna aderire a un sistema organico per cui l'ordinamento attuale sia proporzionato a quello che è l'ordinamento naturale e storico dell'uomo. Quale è quest'ordinamento proporzionato a cui deve proporzionarsi l'ordinamento giuridico? La risposta l'ha data stamane l'amico Dossetti. Il Cristianesimo mostra la natura umana quale è, come ha dimostrato l'amico Dossetti, espansiva; è questa persona ancorata ai gruppi sociali nei quali egregiamente si espande; e quindi la famiglia, la comunità religiosa, la comunità di lavoro, la comunità cittadina, la comunità professionale, la comunità statale e quindi la comunità degli Stati; questa persona che egregiamente si espande in base alla legge organica di cui si parlava.

Se questo è naturalmente l'uomo che si è venuto costruendo nel corso di questi due millenni, perché un ordinamento giuridico è totalmente garanzia di libertà, deve possedere non soltanto la certezza con cui precisare i confini dello spazio giuridico, ma deve al tempo stesso poggiare su questa concezione organica della libertà, la quale comporta perciò il riconoscimento anteriore di questi organismi nei quali si articola la persona umana.

Quale è allora la conclusione che si ricava da tutto questo? È la seguente: quando noi vogliamo individuare il perché dei grandi drammi storici che si producono, dobbiamo fare come fanno i grandi studiosi del mondo naturale. Essi riducono e ricercano le cause elementari, i problemi di fondo, i piccoli spostamenti che si verificano alla base e che poi determinano i grandi fenomeni.

Nonostante che sia certo, l'ordinamento giuridico deve proporzionarsi alla natura umana ed è in questa natura umana che la libertà si riunisce.

Se voi non avete chiaro questo punto, avrete immensi spostamenti politici giuridici economici, che vanno dall'estrema destra all'estrema sinistra e che dipendono da questo fenomeno di fondo, da queste misurazioni di idee, le quali sono, in ultima analisi, le forze motrici della realtà storica.

La conclusione è questa: per noi, uomini e cristiani, cioè con un senso profondo di consapevolezza, credendo nell'esistenza di una legge, uomini cristiani che sanno questi legami fra la libertà e la legge, che vedono questi legami nel senso che la legge è costruttiva di organismi sociali, che sanno che il diritto deve proporzionarsi a questa libertà naturale per principio di verità, che le cose fuori del loro stato non durano, devono prendere a profitto questo grande principio della certezza del diritto e affermarlo contro chicchessia, garanzia e creatore di libertà, ma devono soggiungere anche questa certezza del diritto che è formale e che ha tanto valore e storicamente è il risultato dei più grandi fenomeni nel campo della storia del diritto, che non reggerebbe se questo spazio giuridico non fosse fondato su questa visione organica della persona umana, sulla quale si fonda la nuova democrazia.

(prolungati battimani)

Allegato 2: Ordinanza di requisizione degli alloggi

COMUNE DI FIRENZE – IL SINDACO

Considerato che gravissima è la carenza degli alloggi nel comune di Firenze essendo pendenti per alloggio richieste in numero di 1147 da parte di sfrattati sfrattandi, che attraverso informazioni prese dai normali organi di informazione risultano essere assolutamente nella impossibilità di procurarsi un quartiere od altra sistemazione per non avere i mezzi per pagare un fitto corrente al mercato libero anche per una sola camera;

Considerato che sono state svolte ricerche onde accertare se esistano luoghi di abitazione disponibili da affittare o da reguisire *(sic)* senza alcun esito positivo, e che ogni possibilità di sistemazione di sfrattati in luoghi di proprietà pubblica è stata esaurita;

Considerato che la gravità della situazione è tale che si sono verificati episodi di sfrattati che hanno portato i loro mobili nella sede comunale, tanto che il fatto ha avuto eco anche in un giornale cittadino, con la conseguenza evidente di far sorgere una sempre maggiore tensione nello stato d'animo non solo degli sfrattandi, ma anche dei privati cittadini verso questa pubblica amministrazione ritenuta incapace di soddisfare anche precariamente ad un diritto fondamentale del cittadino quale quello ad una abitazione;

Considerato quindi che possono temersi fatti di intolleranza e di aperta ribellione, ritenuti giustificati dal fatto che innegabilmente la costituzione dello Stato garantisce il diritto fondamentale del cittadino all'assistenza e alla sicurezza individuale e familiare;

Considerato che il dormitorio pubblico e gli enti di assistenza di Firenze non sono in grado di far fronte in alcun modo a nuove richieste di alloggio;

Ritenuto che il problema di un alloggio ai senza tetto riveste gli aspetti di una grave necessità pubblica quale quella sancita dall'Art. 7 della legge 20 marzo 1865 n. 2248 all. E; e che il disporre della proprietà privata in un caso del genere – tenuta anche presente la evoluzione di certi principi giuridici, sociali e costituzionali che ancora non possono trovare eco nella giurisprudenza – si impone in tutta la sua urgenza umana e giuridica;

Ritenuto che per il combinato disposto degli art. 152, 153 e 217 T.U. Legge Comunale e Provinciale 4 febbraio 1915 n. 148 modificata dal R.D. 30.12.1923 n. 2839, in riferimento al citato art. 7 Legge 20 marzo 1865 n. 2248 all. E, si può affermare essere di competenza del sindaco emanare il provvedimento di che trattasi, versandosi in una ipotesi che investe la materia regolamentare prevista dai ricordati articoli, per i già ricordati riflessi in ordine alla polizia urbana ed all'ordine pubblico per il ripetersi di casi sopra ricordati e per lo stato di non stabilità residenziale di numerose famiglie;

Ritenuta l'urgenza di provvedere in merito a quanto sopra;

VISTI gli articoli 7 legge 20 marzo 1865 all. E, 19 legge comunale di provincia a 3.3.1934 n. 383, D.L. 8.3.1949 n. 277, legge 30.11.1950 n. 996, 152, 153 e 217 T.U. Legge Comunale e Provinciale 4 febbraio 1915 n. 148 – R.D. 30.12.1923 n. 2839

ORDINA

la requisizione immediata dello stabile e degli ambienti di proprietà della Vetreria C. Corsi situata in Firenze – via A. Vespucci 7–9 – per il periodo di un anno a decorrere dalla data della presente ordinanza. L'immobile sarà preso in consegna dal dipendente di questa Amministrazione Sig. Arturo Fabbri il giorno 12 gennaio 1952 ad ore 13 e sarà provveduto alla redazione dello stato di consistenza.

Di Palazzo Vecchio, li 12 gennaio 1953 IL SINDACO

Allegato 3: La decisione del Consiglio di Stato per il caso Ruspoli

N. 298 Reg. Dec.

N. 914/55 Reg. Ric.

REPUBBLICA ITALIANA

In nome del Popolo italiano

Il Consiglio di Stato in sede giurisdizionale (Sezione V) ha pronunciato la seguente decisione sul ricorso della Principessa RUSPOLI EMILIA ORLANDINI DEL BECCUTO rappresentata e difesa dagli avv. Vasco Cardoso e Elio Corapi;

contro

il Comune di Firenze in persona del Sindaco pro–tempore, rappresentato e difeso dagli avvocati Marcello Nardi Dei e Gualtiero Tassinari;

per l'annullamento

del provvedimento 20 gennaio 1955 col quale veniva ordinata la requisizione immediata della villa di proprietà della ricorrente posta in via Mantellini, n. 16.

(omissis).

Diritto

L'eccezione di inammissibilità posta dal Comune resistente si appalesa fondata, non potendo il provvedimento di requisizione, che ha dato luogo al presente ricorso, ritenersi di carattere definitivo ai sensi dell'art. 34 del testo unico sul Consiglio di Stato.

Dalle premesse del provvedimento non appare innanzi tutto dubbio che il Sindaco di Firenze abbia inteso avvalersi della eccezionale facoltà di cui all'art. 7 della Legge 20 marzo 1865 n. 2248 all. E, avendo espressamente ritenuto che fossero sussistenti gravi motivi di ordine pubblico tali da consentire la requisizione della proprietà privata.

Vero è che l'ordinanza impugnata fa altresì richiamo agli artt. 152, 153 e 217 del testo unico della legge comunale e provinciale 4 febbraio 1915 n. 148, modificato dal R. D. 30 dicembre 1923 n. 2839, ma poiché dette norme, come ha posto in rilievo lo stesso ricorrente, concernono un diverso potere in materia edilizia, polizia locale ed igiene, consentito, quando allo stato di pericolo determinatosi, non sia possibile porre rimedio con gli altri mezzi offerti dall'ordinamento giuridico, è chiaro che il riferimento è del tutto fuori luogo e senza rilevanza dovendosi al fine di stabilire quale sia in concreto il potere esercitato tenersi soltanto conto della norma, alla quale causa ed oggetto del provvedimento siano concettualmente riconoscibili con maggiore evidenza e con più stretta attinenza. Ciò posto si ritiene, secondo quanto questo Collegio ha più volte avuto occasione di affermare (cfr. decisione 4 dicembre 1954 n. 1187 sez. 5; 4 febbraio 1956 n. 224 sez. V) che il potere di requisizione non spetti soltanto al prefetto ma altresì al sindaco come ufficiale del Governo e quale capo dell'amministrazione locale, nulla in contrario essendo desumibile dalla legge 30 novembre 1950 n. 996, che si limita a dichiarare definitivi i provvedimenti emessi dal Prefetto ex art. 7, senza alcun accenno a provvedimenti emessi da autorità diversa.

Infatti se per i provvedimenti della più alta autorità governativa periferica quale è il prefetto, il legislatore ha ritenuto di dover sancire la definitività dei provvedimenti stessi in deroga al generale principio, secondo cui, ove la legge non disponga altrimenti, il ricorso gerarchico è sempre possibile, da ciò non può desumersi che implicitamente ad altre autorità non sia riconosciuto analogo potere, tale interpretazione restrittiva, che non trova conforto in esplicita norma, dovendo ritenersi in pieno contrasto con la disposizione dell'art. 7 citato, che fa riferimento ad autorità amministrativa in genere.

Se scopo della legge del 1950 fosse stato anche quello di precisare che ex art. 7 della legge del 1865 non derivi ad autorità diversa dal Prefetto alcuna facoltà di disporre in caso di urgente pubblico interesse, della proprietà privata, il chiarimento, in relazione al naturale carattere di ogni norma di interpretazione autentica, sarebbe stato esplicito, tale comunque da non lasciare adito a nuovi e più fondati dubbi in merito.

Detta legge ha invece un valore molto più limitato, essendosi voluto soltanto sancire la definitività dei provvedimenti prefettizi, con ciò stesso escludendo che potessero ritenersi definitivi i provvedimenti del sindaco quale ufficiale del governo soggetti a rimedio del ricorso gerarchico.

Nella fattispecie non appare dubbio che il sindaco di Firenze abbia agito nella sua veste di ufficiale del governo, emergendo con assoluta evidenza dalla motivazione del provvedimento che all'eccezionale misura venne spinto non solo da ragioni sociali ed umanitarie, che di per sé non sarebbero sufficienti a creare un potere non previsto dalla legge, ma nel timore che lo stato di eccitazione diffusosi fra gli interessati avrebbe potuto determinare fatti di intolleranza e di aperta ribellione pregiudizievole all'ordine pubblico.

Il provvedimento di requisizione non può pertanto ritenersi definitivo, rientrando lo stesso nella sfera delle attribuzioni che competono al sindaco quale ufficiale del governo.

Conseguentemente il ricorso va dichiarato inammissibile, però l'incertezza sulla questione non ancora nettamente risolta all'epoca in cui fu adottato il provvedimento de quo, induce a ritenere scusabile l'errore e a rimettere l'interessato nel termine per l'eventuale presentazione del ricorso gerarchico al prefetto, entro il termine di trenta giorni dalla notificazione della presente decisione. Sussistono altresì eque ragioni per la compensazione delle spese.

P. Q. M.

Il Consiglio di Stato in sede giurisdizionale (sezione V) dichiara inammissibile il ricorso in epigrafe e assegna il termine di trenta giorni per la proposizione eventuale del ricorso gerarchico al prefetto. Spese compensate.

Ordina che la presente decisione sia eseguita dall'autorità amministrativa.

Così deciso in Roma addì 11 gennaio 1958 dal Consiglio di Stato in sede giur. (Sez. V) in Camera di Consiglio con l'intervento dei signori: La Torre Michele (Presidente), Vozzi Roberto (Consigliere), Calderai Giuseppe (Consigliere), Catenacci Corrado (Consigliere), Bartolotta Francesco (Consigliere), Trotta Carmine, est. (Consigliere), Piroso Francesco (1° Referendario).

Allegato 4: La decisione del Consiglio di Stato per il caso Fera

N. 224 Reg. Dec.

N. 790/53 Ric.

REPUBBLICA ITALIANA

In nome del Popolo italiano

Il Consiglio di Stato in sede giurisdizionale (Sezione V) ha pronunciato la seguente

Decisione

sul ricorso proposto dall'On.le avvocato SAVERIO FERA, rappresentato e difeso dall'avv. Prof. Ubaldo Baldi Papini ed elettivamente domiciliato presso l'avv. Prof. Gennaro Vellelli, in Roma, Via Vigliena, 2;

contro

il Sindaco del Comune di Firenze, rappresentato e difeso dagli avvocati Marcello Nardi Dei e Gualtiero Tassinari, elettivamente domiciliato presso l'avv. Elia Clarizia in Roma, Via della Vite, 13;

e nei confronti

dei Sigg. Renato Vannoni, Giuliano Cocchi, Nello Masi, Salvatore Biddau, Vittorio Grassi, Ines Buttafuoco, non costituitisi in giudizio;

per l'annullamento

della ordinanza in data 25 maggio 1953, notificata nello stesso giorno, con la quale il Sindaco di Firenze disponeva la requisizione dello stabile e degli ambienti di proprietà del predetto On.le Fera, siti in Via Masaccio, n. 30 per la durata di un anno.

(omissis).

Diritto

Il difensore del Comune ha eccepito in udienza la inammissibilità del ricorso, per il carattere non definitivo dell'atto impugnato.

Detta eccezione si rivela fondata.

Il provvedimento è da ritenere emesso ai sensi dell'art. 7 della legge 20 marzo 1865 n. 2248, all. E e non in base al diverso potere previsto dall'art. 153 del T.U. 4 febbraio 1915, n. 148. Nelle sue premesse sono richiamate entrambe le disposizioni; ma per la individuazione del potere esercitato in concreto dall'Amministrazione devesi aver riguardo alla norma cui la causa e l'oggetto dell'atto siano astrattamente riconducibili con maggiore evidenza. La ordinanza de qua disponeva la requisizione di un immobile per assicurare l'alloggio ad alcune famiglie nei confronti delle quali era stata eseguita la sentenza per il rilascio di esso. Non è dubbio, pertanto che il Sindaco si sia avvalso del citato art. 7, che consente all'autorità amministrativa di disporre della proprietà privata per grave necessità pubblica. Il richiamo all'art. 153 del T.U. della Legge comunale e provinciale del 1915 è palesemente inconferente giacché tale disposizione concerne i provvedimenti contingibili ed urgenti di sicurezza pubblica in materia di edilizia, polizia locale ed igiene: quei provvedimenti, cioè, che presuppongono un incombente stato di pericolo cui non sia possibile far fronte con gli altri mezzi offerti dall'ordinamento giuridico (cfr. Sez. V, 4 dicembre 1954, n. 1187).

Secondo il consolidato indirizzo della giurisprudenza (cfr. V, dec. cit. n. 1187 3 aprile 1954, n. 311), il potere di requisizione ex art. 7 spetta non soltanto al Prefetto, ma anche al Sindaco: il quale può avvalersene sia come capo dell'amministrazione comunale, sia come Ufficiale del Governo. Ma in quest'ultima ipotesi il provvedimento non ha carattere definitivo, giacché il Sindaco, in qualità di Ufficiale del Governo, cioè come organo dello Stato, è gerarchicamente subordinato al Prefetto. La Legge 30 novembre 1950, n. 996 che dichiara la definitività dei provvedimenti emessi dai Prefetti nell'esercizio di detto potere, non incide sul carattere delle ordinanze sindacali nella subbietta materia. Essa sottrae l'atto del Prefetto alla revisione gerarchica esercitata dal Ministro, ma nulla dispone circa l'atto del Sindaco. La Sezione ha già accolto tale orientamento interpretativo (dec. 22 ottobre 1955, n. 1293) e non ha ragione di discostarsene.

Che nella specie il Sindaco abbia agito quale ufficiale del Governo emerge con sufficiente chiarezza dalla motivazione del provvedimento. Il Sindaco è stato invero indotto a provvedere non solo dalle ragioni sociali ed umanitarie convergenti nella ritenuta grave necessità pubblica, ma altresì da considerazioni relative alla tutela dell'ordine pubblico. Nel terzo "considerando" si accenna ai gravi episodi già verificatisi in seguito alla esecuzione dello sfratto e si pone in particolare rilievo la tensione determinatasi nello stato d'animo non solo degli sfrattati, ma anche della generalità dei cittadini verso l'Amministrazione comunale; ed in quello successivo si esprime il timore che si abbiano a verificare "fatti di intolleranza e di aperta ribellione". In termini ancora più espliciti si considera, nell'ultima parte della motivazione, "che ove le dette persone restassero prive di abitazione si avrebbero indubbiamente ripercussioni che potrebbero turbare l'ordine pubblico". E, infine, il richiamo all'art. 152 del T.U. n. 148 del 1915 sta a confermare che la requisizione venne essenzialmente determinata da ravvisate esigenze di ordine pubblico. Il provvedimento s'inserisce pertanto nella sfera delle attribuzioni conferite al Sindaco quale Ufficiale del Governo.

Conseguentemente il ricorso va dichiarato inammissibile. La dubbiezza della fattispecie induce tuttavia il Collegio a riconoscere la scusabilità dell'errore ed a rimettere l'interessato nel termine per la proposizione del ricorso gerarchico al Prefetto.

Quanto alle spese del giudizio, sussistono giuste ragioni per disporne la compensazione.

P. Q. M.

Il Consiglio di Stato in sede giurisdizionale (Sezione V), dichiara inammissibile il ricorso indicato in epigrafe ed assegna al ricorrente il termine di trenta giorni per la proposizione del ricorso gerarchico al Prefetto di Firenze.

Spese compensate.

Ordina che la presente decisione sia eseguita dalla Autorità amministrativa.

Così deciso in Roma, addì 4 febbraio 1956, dal Consiglio di Stato in sede giurisdizionale (Sezione V), in Camera di Consiglio, con l'intervento dei Signori: La Torre Michele (Presidente), Aru Luigi (Consigliere), Vozzi Roberto (Consigliere), Caccioppoli Francesco, *estensore (Consigliere),* Lugo Andrea (Consigliere), Severini Ugo (Consigliere), Piroso Francesco (Referendario).

Allegato 5: Quadro riepilogativo delle vicende giuridiche delle requisizioni degli alloggi in base al repertorio dell'Ufficio Legale del Comune di Firenze

Soggetto Attore	Ordinanza del	Autorità adita	Fatti intercorsi	Conclusione
Vetrerie Corsi	12.1.1953	G.P.A.	Rinunciata la domanda	Cancellata
Vetrerie Corsi	12.1.1953	Consiglio di Stato		Cessata la materia del contendere
Ariani Lamberto per Comitato Alberghi per la Gioventù	21.2.1953	G.P.A.	Revocata requisizione	Rinunciato il ricorso
Incontri ing. Roberto	20.4.1953	G.P.A.	Revocata requisizione	Rinunciato il ricorso
Bardini Ugo ed Emma	24.4.1953	G.P.A.	Revocata requisizione	Rinunciato ricorso
Bardini Ugo ed Emma	24.4.1953	Consiglio di Stato	Revocata requisizione	Rinunciato ricorso
Fera avv. Saverio	25.5.1953	Consiglio di Stato		Inammissibile
Fera avv. Saverio	25.5.1953	Prefetto di Firenze		Cessata la materia del contendere
Costantini Mario	14.7.1953	Consiglio di Stato	Transazione	Rinunciato il ricorso
Bargoni avv. Foscolo	29.9.1953	G.P.A.	Respinta la sospensione	Rinunciato il ricorso

Bargoni avv. Foscolo	29.9.1953	Consiglio di Stato	Accolta la sospensione	Cessata la materia del contendere
Bargagli Petrucci Alberto	3.10.1953	G.P.A.	Non depositato il ricorso	–
Opera pia case indigenti	?	G.P.A.	Trattazione	Rinunciato il ricorso
Cassola Ferdinando Bruno	?	Tribunale di Firenze Corte di Appello	Ordina il rilascio e il risarcimento danni	Transazione abbandonata
Del Lungo Giovanna	4.5.1954	Consiglio di Stato		Rinunciato ricorso
Del Lungo Giovanna	4.5.1954	Tribunale di Firenze		Rinunciata
Salvadori Giorgio	11.10.1954	G.P.A.		Incompetente
Salvadori Giorgio	11.10.1954	Consiglio di Stato		Transazione cancellata
Salvadori Giorgio	11.10.1954	Tribunale di Firenze Corte di Appello	Ordina il rilascio e il risarcimento danni	Transazione abbandonata
Broccoletti Patrizio	18.11.1954	G.P.A.		Incompetente
Ruspoli p.ssa Emilia[57]	20.1.1955	Consiglio di Stato	Accolta sospensione	Inammissibile
Ruspoli p. ssa Emilia[58]	20.1.1955	Tribunale di Firenze	Ordina il rilascio e il risarcimento danni	

[57] La vicenda è trattata nel testo.

[58] La vicenda è trattata nel testo.

Grappolini Antonio[59]	2.2.1955	Consiglio di Stato	v. sotto	Perento il ricorso
Grappolini Antonio	2.2.1955	Tribunale di Firenze	Ordina il rilascio dell'immobile Accordo sui danni	
Grappolini Antonio	2.2.1955	Prefettura di Firenze		Rinunciato il ricorso
Bardini Ugo ed Emma	1.4.1955	Consiglio di Stato		Perento il ricorso
Ruspoli princ. Paolo	27.4.1955	Consiglio di Stato		Rinunciato il ricorso
Grandi Emma di Oleggio	?	Consiglio di Stato	v. sotto	Cancellata
Grandi Emma di Oleggio	?	Tribunale di Firenze G.P.A.	Ordina il rilascio dell'immobile	
Amm. Finanz. dello Stato (imm. in B.go San Frediano)	27.2.1955	G.P.A.		Rinunciato il ricorso
Amm. Finanz. dello Stato (ex casa del popolo di Peretola)	27.7.1955	G.P.A.		Rinunciato il ricorso

59 La vicenda è trattata nel testo.

Amm. Finanz. dello Stato (ex casa del popolo di Legnaia)	28.7.1955	G.P.A.		Rinunciato il ricorso
Amm. Finan. dello Stato	29.7.1955	G.P.A.		Rinunciato il ricorso
Amm. Finanz. dello Stato (imm. in B.go Pinti)	29.9.1955	G.P.A.		Rinunciato il ricorso
Amm. Finanz. dello Stato (imm. in Via Palazzuolo)	29.7.1955	G.P.A.		Rinunciato il ricorso

Allegato 6: Lettera di Giorgio La Pira ad Alcide De Gasperi (Caso Pignone)

Caro De Gasperi, la vertenza della Pignone è ancora allo stato *quo:* però non si creda di addormentarla e di estinguerla per esaurimento; si sbagliano tutti coloro che così pensano: forse ora essi si sono accorti che io non sono un visionario, né un impulsivo.

Tu sei troppo intelligente per non intuire che qui siamo davanti ad un "caso" che esige una soluzione integrale.

La mia azione, fino ad ora, è stata soltanto introduttiva: è il primo capitolo; desidererei non passare al secondo. La soluzione prospettata da Ferrari Aggradi: la sola atta a dare onorevole componimento alla vertenza, la sola capace di cancellare, in qualche modo, questa autentica macchia di iniquità di cui si è macchiata la democrazia italiana. Quindi: chiama *Ferrari Aggradi,* chiama *Mattarella,* chiama *Mattei* e ordina loro di concludere.

Ripeto, altra via non c'è.

Se voi non operate, opero io: e avete visto che ho le idee chiare: so quel che voglio e conosco gli strumenti che mi fanno realizzare lo scopo.

E per essere leale ti dico: *"mi rivolgerò al partito";* porrò il problema, nei suoi termini crudi, davanti alla coscienza dei democratici–cristiani: l'ingiustizia è cosa che scotta in ogni coscienza umana e cristiana.

Mi fido della tua intuizione politica: chiama i tre ministri di cui sopra e fai loro prontamente, prima di Natale, decidere.

Se questa decisione non viene – pronta, fraterna, decisa – io riprendo la mia libertà di azione: *clama necesses:* non mi fa paura il vostro spauracchio: *fa il gioco dei comunisti.*

Il gioco dei comunisti lo fanno tutti coloro – operatori economici ed uomini politici – che disconoscendo la santità e l'improrogabilità del pane quotidiano (procurato col lavoro) gettano nella disperazione e nella radicale sfiducia i deboli (i lavoratori tutti).

Il comunismo non si vince con "tattiche pseudo politiche" si vince attuando la giustizia più elementare: cioè, come dice il Vangelo, domandando prima il regno di Dio (*quaerite primum Regnum Dei*).

Se avremo posto veramente – e non a parole ed a sentimenti: *non verbo et lingua* – al centro dei nostri interessi politici la soluzione del problema dei poveri (lavoratori) e avremo trovata prontamente, anche in via transitoria, una soluzione di tale problema, solo allora Dio ci benedirà e sradicherà dal nostro paese la zizzania del materialismo e dell'ateismo.

Altrimenti saremo puniti.

Pensateci: confido in te.

Allegato 7: Ordinanza – mai adottata – di requisizione della Pignone

COMUNE DI FIRENZE – IL SINDACO

CONSIDERATO che si è addivenuti alla rottura delle trattative, fra le maestranze e la Soc. An. "Pignone", dato che si è ritenuto di dover insistere nella volontà di licenziare il complesso delle maestranze stesse da parte della direzione dell'azienda;

CONSIDERATO che i 1750 dipendenti della Soc. "Pignone" hanno deciso di imporre l'occupazione della fabbrica di fronte a una decisione che toglie la possibilità di vita alle loro famiglie dato che nessuna prospettiva di lavoro si presenta nel futuro per essi, in considerazione dell'alta percentuale di disoccupati già esistenti in Firenze, città notoriamente priva di complessi industriali capaci di assorbire anche in minima parte manodopera anche specializzata;

CONSIDERATO che pertanto una tale situazione pone in essere una situazione di grave anormalità nell'ordine pubblico con la possibilità di gravi e irreparabili conseguenze di violazione per l'ordine pubblico stesso, inteso nello spirito che i principi della Costituzione della Repubblica sanciscono in modo immediato e precettivo;

CONSIDERATO, infatti, che le disposizioni della Costituzione sanciscono l'adempimento di doveri inderogabili di solidarietà economica (art. 2), il dovere per la Repubblica di rimuovere gli ostacoli di ordine economico che impediscono il pieno sviluppo della persona umana (art. 3), e sopratutto *(sic)* il riconoscimento al diritto al lavoro e il dovere di promuovere le condizioni che rendono effettivo un tale diritto (art. 4), in relazione al presupposto che la iniziativa economica privata pur essendo libera non può svolgersi in contrasto con la utilità sociale in modo da recar danno alla sicurezza e dignità umane (art. 41), disposizioni che se non possono in via diretta e immediata essere applicate postulando l'esistenza di norme concrete di applicazione, devono intendersi come norme precettive quanto alla interpetrazione dei concetti e delle istituzioni dell'attuale ordinamento giuridico;

CONSIDERATO, pertanto, che tali norme impongono una valutazione della nozione di ordine pubblico non solo nel senso tradizionale proprio agli ordinamenti giuridici preesistenti alla Costituzione, ma nel senso sostanziale quale scaturente dalle norme costituzionali sopra indicate, e cioè come adeguamento sostanziale della situazione dei rapporti sociali ai principi dell'ordinamento giuridico vigente;

CONSIDERATO, perciò, che la serrata, non riconosciuta tutelabile dall'attuale Costituzione, e la occupazione di una fabbrica delle dimensioni della "Pignone" è una grave turbativa dell'ordine pubblico che l'autorità pubblica non può ritenere esaurentesi nella sfera privatistica del rapporto di lavoro privato, sia per le ricordate dimensioni della azienda in questione sia per i principi sanciti dalla Costituzione per cui un intervento di essa si impone sia nell'interesse dei lavoratori che dei datori di lavoro per il ripristino di una immediata pace sociale che permetta alle due parti di raggiungere un accordo, più facile per l'intervento sostitutivo dell'autorità nel possesso della fabbrica;

CONSIDERATO che sempre facendo appello alle norme della Costituzione che nell'art. 43 prevede la possibilità di un intervento dello Stato o degli Enti pubblici per espropriare imprese che abbiano carattere di preminente interesse generale, come nella specie la Soc. An. Pignone; norma già prevista dall'art. 7 legge 20 marzo 1865 n. 2248 all. E dove si prevede la possibilità di disporre della proprietà privata in caso di grave necessità pubblica;

RITENUTO che, pertanto, nella specie esistono i presupposti per l'applicazione degli artt. 152 nn. 3 e 4, 153 pp. in relazione al n. 9 dell'art. 217 T.U. Legge Comunale e Provinciale 4 febbraio 1915 n. 148 modificata dal R.D. 30.12.1923 n. 2839, in relazione anche agli articoli della Costituzione citati, e della Legge 20 marzo 1865 n. 2248 all. E, e che è di competenza del Sindaco emanare i provvedimento previsti, versandosi in una ipotesi che investe materia prevista dai ricordati articoli, e che sono in competenza diretta dello stesso Sindaco dato lo spirito dell'attuale ordinamento giuridico relativo all'autonomia degli enti locali per cui il capo dell'amministrazione comunale resulta essere l'organo più direttamente idoneo a rispondere dell'andamento e del buon ordine della stessa amministrazione cittadina;

CONSIDERATO, infine, che l'atto di requisizione, strutturalmente collegato, come funzione all'ordine pubblico, ha la stessa finalità di pace che aveva in diritto romano lo analogo interdetto "uti possidetis" in quanto che con tale interdetto il Pretore si intrometteva come paciere tra le parti in causa ordinando che, per evitare pubblici turbamenti, nell'attesa che la questione fosse sottoposta ad un giudizio di merito, la situazione controversa non subisse mutamenti di sorta (Le cose stiano come stanno.. "Uti nunc possidetis... quominus ita possideatis vim fieri veto");

ORDINA

la requisizione immediata dello Stabilimento meccanico di proprietà della Soc. An. "Pignone" sito in Firenze, a decorrere dalla data della presente ordinanza. Lo stabilimento sarà preso in consegna dal dipendente di questa amministrazione Sig[60]. .... il giorno ... Novembre alle ore ... e saranno nominati custodi temporanei di esso in attesa della redazione dello stato di consistenza i sigg. On.le Sen. Maurizio Vigiani e il sig. Dott. Renzo Ristori.

La presente ordinanza viene notificata al sig. Zenone Benini, consigliere delegato della Soc. An. Pignone e viene comunicata ai direttori tecnico e amministrativo del predetto Stabilimento.

Di Palazzo Vecchio, addì 2 novembre 1953 IL SINDACO

[60] Nella copia qui riprodotta dell'ordinanza non compare il nome di chi è incaricato di prendere in consegna lo stabilimento. Questo nome è invece presente in un'altra copia esistente dell'ordinanza in questione.

Allegato 8: Ordinanza di requisizione della Fonderia Delle Cure

COMUNE DI FIRENZE – IL SINDACO

RILEVATO che in conseguenza della liquidazione della Soc.An. "Fonderia–Officina delle Cure" con sede in Firenze via Maffei 3, la fonderia stessa verrebbe ad essere smantellata, provocando il licenziamento di tutte le maestranze, alle quali nessuna prospettiva di lavoro si presenta nel futuro per essi, in considerazione dell'alta percentuale di disoccupati già esistenti in Firenze, città notoriamente priva di complessi industriali capaci di assorbire anche in minima parte mano d'opera anche specializzata;

RILEVATO, anche, che dette maestranze si sono costituite in cooperativa onde provvedere alla gestione della fonderia, gestione che presenta possibilità concrete di riuscita;

CONSIDERATO che pertanto una tale situazione pone in essere una situazione di grave anormalità dell'ordine pubblico con la possibilità di gravi e irreparabili conseguenze di violazione per l'ordine pubblico stesso, inteso nello spirito che i principi della Costituzione della Repubblica sanciscono on modo immediato e precettivo;

CONSIDERATO, infatti, che le disposizioni della Costituzione sanciscono l'adempimento di doveri inderogabili di solidarietà economica (art. 2), il dovere per la Repubblica di rimuovere gli ostacoli di ordine economico che impediscono il pieno sviluppo della persona umana (art. 3), e sopratutto *(sic)* il riconoscimento al diritto al lavoro e il dovere di promuovere le condizioni che rendono effettivo un tale diritto (art. 4), in relazione al presupposto che la iniziativa economica privata pur essendo libera non può svolgersi in contrasto con la utilità sociale in modo da recar danno alla sicurezza e dignità umane (art. 41): disposizioni che se non possono in via diretta e immediata essere applicate postulando l'esistenza di norme concrete di applicazione, devono intendersi come norme precettive quanto alla interpetrazione dei concetti e delle istituzioni dell'attuale ordinamento giuridico;

CONSIDERATO, pertanto, che tali norme impongono una valutazione della nozione di ordine pubblico non solo nel senso tradizionale proprio agli ordinamenti giuridici preesistenti alla Costituzione, ma nel senso sostanziale quale scaturente dalle norme costituzionali sopra indicate, e cioè come adeguamento sostanziale della situazione dei rapporti sociali ai principi dell'ordinamento giuridico vigente;

CONSIDERATO, perciò, che dallo smantellamento di una fabbrica delle proporzioni della Fonderia delle Cure, non può non derivare una grave perturbativa dell'ordine pubblico, anche per i rilievi sopra fatti sulle possibilità concrete di una gestione attiva della Cooperativa come sopra costituita;

CONSIDERATO che sempre facendo appello alle norme della Costituzione che nell'art. 43 prevede la possibilità di un intervento dello Stato o degli Enti pubblici per espropriare imprese che abbiano carattere di preminente interesse generale, norma già prevista dall'art. 7 legge 20 marzo 1865 n. 2248 all. E dove si prevede la possibilità di disporre della proprietà privata in caso di grave necessità pubblica: e quando non sia possibile provvedere altrimenti, mancando un mezzo normale per far fronte alla situazione in atto;

RITENUTO che, pertanto, nella specie esistono i presupposti per l'applicazione degli artt. 152 nn. 3 e 4, 153 pp. in relazione al n. 9 dell'art. 217 T.U. Legge Comunale e Provinciale 4 febbraio 1915 n. 148 modificata dal R.D. 30.12.1923 n. 2839, in relazione anche agli articoli della Costituzione citati, e della Legge 20 marzo 1865 n. 2248 all. E, e che è di competenza del Sindaco emanare i provvedimento previsti, versandosi in una ipotesi che investe materia prevista dai ricordati articoli, e che sono in competenza diretta dello stesso Sindaco dato lo spirito dell'attuale ordinamento giuridico relativo all'autonomia degli enti locali per cui il capo dell'amministrazione comunale resulta essere l'organo più direttamente idoneo a rispondere dell'andamento e del buon ordine della stessa amministrazione cittadina;

CONSIDERATO, infine, che l'atto di requisizione, strutturalmente collegato, come funzione all'ordine pubblico, ha la stessa finalità di pace che aveva in diritto romano lo analogo interdetto "uti possidetis" in quanto che con tale interdetto il Pretore si intrometteva come paciere tra le parti in causa ordinando che, per evitare pubblici turbamenti, nell'attesa che la questione fosse sottoposta ad un giudizio di merito, la situazione controversa non subisse mutamenti di sorta (Le cose stiano come stanno.... "Uti nunc possidetis.... quominus ita possideatis vim fieri veto");

ORDINA

la requisizione immediata dello stabilimento della Fonderia Officina delle Cure, situato in Firenze, via Maffei n. 3, a decorrere dalla data della presente ordinanza.

FISSA

nella somma di L. 300.000 (trecentomila) mensili la indennità di requisizione.

La presente ordinanza dovrà essere notificata ai liquidatori della S. A. Fonderia Officina delle Cure, sigg.ri Dott. Mario Tanini, Dott. Mario Braccagni, Avv. Mario Soldaini ed al Presidente della Cooperativa "Lavoratori Fonderia Officina delle Cure" sig. Renato Murri.

Di Palazzo Vecchio, li 16 febbraio 1955 IL SINDACO

Sig. Renato Murri
Presidente Cooperativa Lavoratori
Fonderia Officina delle Cure
Firenze

Allegato 9: Discorso di Giorgio La Pira "non fatto" – caso Fonderia delle Cure

Signori Consiglieri, voi mi direte: – cosa ci dice, signor Sindaco, della fonderia delle Cure? Meritava fare quanto è stato fatto? C'è proporzione tra la vasta "emozione" – per così dire – provocata a Firenze (e non solo a Firenze) ed i risultati conseguiti?

La risposta, Signori Consiglieri, la danno i fatti: rebus ipsis dictantibus.

Vorrei dirvi: andate a vedere con i vostri occhi la gioia che manifestano gli operai per il lavoro ritrovato, l'amore che essi portano alla loro attività produttiva: l'attaccamento intimo, quasi religioso, che essi manifestano per la loro officina: mura e macchine che conoscono la loro vita, la loro sofferenza, la loro speranza!

Andate e vedete: solo così voi potrete rispondere con consapevolezza alla domanda che mi ponete!

Sì, meritava: meritava ridare lavoro e gioia e speranza a cento operai circa, e quindi a cento famiglie circa: meritava ridare questo autentico dono di vita a centinaia di creature umane fatte a immagine e somiglianza del Padre celeste!

Perché, Signori Consiglieri, il problema del lavoro prima di essere posto in termini economici va posto in termini spirituali e religiosi: anzi è, in certo senso, dopo quello della [preghiera], il problema che investe più profondamente la vita spirituale e religiosa della persona umana.

[paragrafo cancellato]

L'uomo che lavora è come l'albero che produce frutto: i suoi talenti si moltiplicano; egli dona al corpo sociale e il corpo sociale dona a lui; è immesso nel circuito creativo della vita!

E questa comunione di vita è, per i lavoratori, fonte di serenità e di pace.

Nessuno ha diritto a sottrarre alla creatura umana questa [illeggibile] feconda e questo sereno gaudio della sua esistenza!

Perché, Signori Consiglieri, la disoccupazione [illeggibile] essa consiste anzitutto nella sottrazione fatta all'uomo [illeggibile] di questo gaudio intimo di cui ha bisogno per vivere!

Ma, comunque, veniamo al fatto, veniamo ai termini economici del fatto.

[paragrafo cancellato]

Questi termini assumono inaspettato risalto appena si mettono in luce i vari costi – costo economico, costo sociale, costo politico, costo umano – che questa vertenza avrebbe provocato se non avesse avuto una soluzione positiva.

E cominciamo, signori consiglieri, dal costo economico.

Quale spesa avrebbe comportato il fatto di dar seguito al fallimento, di chiudere la fonderia e di mettere in disoccupazione cento operai?

Eccovi, Signori Consiglieri, alcuni dati che vi faranno stupire.

Prescindo dal costo, diciamo così, di polizia: perché per buttar fuori dallo stabilimento gli operai occupanti (a prescindere da ogni altra valutazione) si provocano spese talvolta assai pesanti: Celere mobilitata con tutte le sue attrezzature tecniche e così via!

Non sembra: ma si fa presto a spendere qualche milione di lire! E poi, se l'operazione non riesce in un solo giorno? Se si richiede un assedio paziente di più giorni?

Ecco già, Signori Consiglieri, dei milioni risparmiati, credo; ma soprattutto risparmiata [illeggibile] e una macchia per la città di Firenze!

Ma veniamo più da vicino al caso della disoccupazione.

Sapete quanto costa in un anno la disoccupazione di 102 operai (quanti erano quelli delle Cure)? Ecco: L. 5.673.240 (prendendo come media il disoccupato con un figlio a carico) quale sussidio di disoccupazione; a queste somma dovete aggiungere tutti gli altri sussidi successivi (ECA, sussidio invernale etc.): non esagero se vi dico che si arriva al livello di circa 9 milioni.

Spesa senza rendimento, Signori Consiglieri!

Ma andiamo più innanzi: se con questi 102 operai volete fare un cantiere di lavoro (del tipo di quelli che si fanno a Firenze) la spesa (che per la verità non è improduttiva) sale a L. 34.300.000 così ripartite: L. 23.773.752 a carico del M. del Lavoro; L. 10.592.299 a carico del Comune.

Voi, Signori Consiglieri, non vi sareste aspettati queste cifre così alte confrontate coi 15 milioni che gli operai hanno richiesto per mettere in moto la macchina produttiva!

Ma, Signori, non è tutto qui: dobbiamo abituarci a vedere più a fondo il costo della disoccupazione: esso è dato non solo dalla spesa che la disoccupazione provoca, ma – in misura ben più grande – dall'entrata che la disoccupazione impedisce.

Saper quanta è stata in due anni l'entrata che il bilancio economico fiorentino ha segnato per la fonderia delle Cure?

(da metà novembre 1952 sino a fine dicembre 1954):

Fatturato 345.000.000; questo fatturato è divenuto

Salari pagati	185.000.000
Contributi ed assicurazioni sociali pagate	17.000.000
Affitto pagato	11.000.000
Ricchezza mobile pagata	1.700.000
Ige	15.000.000

E sapete Signori con quale volano finanziario è stato realizzato questo volume di reddito cittadino? Con 15 milioni da me procurati appunto nel novembre 1952; una giornata strana, Signori Consiglieri, nella quale andai a pranzo alle ore 17 e nella quale misurai ancora una volta la resistenza quasi invincibile che in sistema economico [liberista ?] oppone ai diritti ovvi del lavoro!

Di quei 15 milioni trovati proprio in modo impreveduto, sei milioni sono stati già restituiti.

Signori Consiglieri, vi chiedo: se io non avessi allora resistito, se non avessi trovato quei 15 milioni, se la fonderia fosse stata allora chiusa, non avreste avuto per Firenze – oltre alla spesa della disoccupazione – anche una mancata entrata di circa 200.000.000 di lire?

Sono 200.000.000 diventati introiti ai bottegai, ai piccoli commercianti, agli artigiani, alle piccole e medie industrie; oltre che fonte di pace e speranza di vita per cento famiglie!

Lo so: vi sono da pagare 40.000.000 di affitto del locale; ma, Signori, tutti sanno che l'affitto di 2 milioni mensili allora concordato fu un affitto senza [illeggibile]!

Comunque il fatto resta: con 15 milioni – di cui 6 restituiti – il bilancio di Firenze ha avuto un entrata di circa 100.000.000 ogni anno (200.000.000 in due anni).

Il costo economico dunque, se la fonderia fosse stata allora chiusa, sarebbe stato costituito – per il bilancio cittadino e nazionale – da due partite ben precisate nei loro termini aritmetici: lucro cessante circa 200.000.000 milioni, danno emergente (per sussidi ed altro) oltre venti milioni!

Vi pare questo un affare?

[paragrafo cancellato]

E pensare, Signori Consiglieri, che a capo della gestione fu posta una persona non certamente consigliabile se ora essa è finita in prigione. Con una gestione oculata la fonderia avrebbe potuto benissimo andare avanti senza sbattere sugli scogli del fallimento!

Io, Signori Consiglieri, avevo scongiurato tutte le parti perché il fallimento non avvenisse; la Magistratura fece quanto in suo potere per evitarlo; ma si sa, *les affaires sont les affaires*, il sindaco è un utopista, al fallimento bisognava pervenire!

Non so, Signori Consiglieri, quale fosse il miraggio dei creditori nel provocare questo fallimento: comunque io lo feci loro sapere con estrema chiarezza: le loro [decisioni ?] a Firenze non avrebbero avuto attuazione!

Torniamo, Signori Consiglieri, al nostro [illeggibile]: vedete quale prezzo?

Voi dite: ma come [illeggibile] non capire queste cose? Domanda complessa, Signori: la sua risposta si trova nello scoordinamento che caratterizza il sistema economico liberista in cui i privati fanno quello che vogliono senza tenere conto del quadro economico completo – cittadino e nazionale – nel quale si muovono e del quale essi sono direttamente e indirettamente così grandemente debitori.

E permettete, Signori Consiglieri, che a questo costo economico si aggiunga un altro elemento che gli dà vivo rilievo: è l’esistenza di una fabbrica, la sua presenza nel tessuto produttivo della città e dell’azienda, il suo valore di avviamento.

Le fabbriche si aggiornano, si [illeggibile], si ammodernano, non si chiudono, mai!

In un mondo come il nostro, con una popolazione crescente a così grande livello, con vastissime zone depresse, con un ritmo di unificazione così accelerato che [illeggibile] tutti gli spazi e fa [illeggibile] un punto solo, una fabbrica anche invecchiata è una ricchezza economica sempre grande: è essa una miniera!

Non bisogna chiuderla mai!

[paragrafo cancellato]

E noi a Firenze di queste cose, per [illeggibile] esperienza, che ne intendiamo anche troppo!

Ma permettere, Signori Consiglieri, che io non mi limiti al costo economico soltanto: che accenni, in qualche modo, agli altri costi, non meno importanti, che avrebbe provocato la chiusura della fonderia delle Cure.

Potete prescindere dal costo sociale? E cioè dalla rottura della pace in cento famiglie e, per riverbero, in tutta la città? Signori, la città è come una grande famiglia, la pace dell'insieme è la risultante della pace dei suoi membri.

Orbene: volevate aggravare ancora il turbamento che causa la disoccupazione già esistente?

Firenze deve fare ogni sforzo per aggredire questo male così acuto del nostro sistema economico e sociale; bisogna ripeterlo senza stancarsi: il lavoro è in certo modo la base più solida dell'intero corpo sociale. Sradicare la disoccupazione deve essere l'obiettivo più determinante della nostra azione.

E poi, Signori, c'è un costo politico che voi non dovete sottovalutare: gli uomini hanno necessità di vedere che il sistema istituzionale democratico è capace di risolvere, nello spazio di una libertà vera, il problema più urgente dell'[illeggibile]: quello del lavoro.

E c'è infine, Signori Consiglieri, un costo umano e cristiano di immensa [illeggibile]. Vi chiedo: se voi vi foste trovati nella condizione degli operai delle cure? Se voi, con vostri occhi, aveste assistito alla chiusura di quei cancelli che erano, ormai, come la porta della vostra casa? Cosa avreste detto? Cosa avreste fatto? Cosa avreste desiderato che io – vostro sindaco – avessi compiuto?

Abbiamo il lavoro (perché le commesse esistono) e non possiamo lavorare: quale tremenda e inumana insensibilità!

Non si può, Signori Consiglieri, non richiamare proprio a questo punto la severa lezione dell'Evangelo: – l'avete fatto a me! non l'avete fatto a me!

E anche l'altro severo avvertimento contenuto nel messaggio natalizio di Pio XII: è tempo – esso ammonisce – che giudichiamo noi, per estirparla, la ingiustizia di cui è tessuto l'apparato sociale: prima che di essa ci chieda conto, un giorno non tanto lontano, il Giudice eterno!

E permettete, Signori Consiglieri, che io aggiunga ancora una riflessione di natura storica.

Signori, vi sono ancora molti ciechi nella società nostra: gente che non ha compreso nulla della gigantesca gestazione storica di cui il tempo nostro è portatore.

Una misura nuova viene sempre più misurando i valori dell'uomo: è la misura cristiana della persona! Alla stregua di questa misura il lavoro assume un posto giuridico eminente dell'edificazione della società nostra!

In questo senso, del resto, parla esplicitamente – e non per una semplice enunciazione retorica ma già come norma di interpretazione vitale del diritto vigente – l'art. 1° della Costituzione. Nessuno ha il diritto di misurare col solo metro del tornaconto e della speculazione il destino di una azienda e quello dei lavoratori: le parole "licenziamento" e "chiusura" hanno ormai un significato radicalmente diverso da quello antico: significano un limite estremo che non può essere valicato senza avere provveduto al recupero di tutte le forze produttive dismesse da un punto per essere, più proficuamente, occupate da un altro!

Meritava dunque fosse fatta l'operazione Cure? Le analisi fatte relativamente al costo economico, sociale, politico, umano e storico che avrebbe provocato il nostro mancato intervento dicono con estrema chiarezza che questa operazione era necessaria!

Ma a questo punto ecco sorgere un'altra domanda: – e la requisizione? Questo strumento così impreveduto ed originale è uno strumento giuridicamente valido?

La stampa indipendente di tutta Italia – ed anche straniera – non ha forse gridato allo scandalo? Non si è detto che si tratta di atto illegittimo e rivoluzionario? Posso assicurarvi, Signori Consiglieri:

l'atto a noi pare perfettamente legittimo; ha un duplice fondamento giuridico: la legge del 1865 (art. 7 alleg. E) – una legge votata a Firenze, nella sala dei 500! – e la Costituzione.

Questo parere non è soltanto il nostro: esso è condiviso da eminenti giuristi da noi interrogati, ed ho il conforto indiretto di alcune decisioni dell'organo giurisdizionale competente: il Consiglio di Stato.

Esso ha esplicitamente riconosciuto che "problemi connessi con l'occupazione [illeggibile] configurarsi ipotesi di emergenza" per le quali trova applicazione la legge del '65.

E quanto alla Costituzione, oggi, è bene che sia detto una volta per sempre: essa non è uno schema, un programma; essa è diritto; contiene cioè tanto i germi del diritto futuro quanto la luce interpretativa del diritto vigente: prima di essere norma che orienta il *jure condendo* è norma che interpreta lo *jus conditum*!

Niente paura, quindi: questo strumento della requisizione è giuridicamente fondato: Niente paura, quindi: questo strumento della requisizione è giuridicamente fondato: ci siamo mossi, con esso, nello spazio del diritto vigente!

Perché, Signori, lo spazio di questo diritto vigente è molto vasto in Italia: bisogna solo vederlo e saperlo esplorare.

E poi, Signori, permettetemi una domanda: – ma come si usciva dalla situazione nella quale ci eravamo imbrigliati se non si fosse fatto ricorso a questo strumento? Ecco la questione che nessuno, forse, si è posto!

Sarebbe troppo lungo raccontare qui tutta la successione dei fatti che condusse al lunedì ..... alla occupazione della fabbrica! Gli operai che sin dal giorno ..... erano usciti dalla fabbrica, erano usciti con la sicurezza di rientrarvi presto per riprendere il lavoro.

Era stato stabilito che essi avrebbero costituito una cooperativa e che ad essi – previo finanziamento di 15 milioni – sarebbe stata affidata la gestione della fonderia.

Tutto sembrava fatto: a Roma erano state date a me assicurazioni che mi sembravano precise: la B. N. del Lavoro avrebbe dato questo finanziamento di 15 milioni.

Quando tutto sembrava pronto per la stesura dell'accordo coi liquidatori e per la ripresa del lavoro, improvvisamente, la barca venne risospinta in alto mare! La B. N. del Lavoro fa sapere direttamente alla cooperativa che il finanziamento è stato negato. Signori, se voi vi foste trovati al posto degli operai, cosa avreste fatto?

Senza paga da tre mesi; con possibilità di lavoro, data l'esistenza delle commesse; e in una fabbrica che, per vecchia che sia, è sempre in grado di compiere la sua produzione di tipo artigianale: cosa avreste fatto?

E' chiaro: l'atto disperato: occupare la fabbrica. Ed è quello che avvenne appunto il lunedì mattina (14 febbraio).

Signori, domando a voi: – io che dovevo fare? Stracciarmi le vesti, restare [illeggibile] davanti a questo reato compiuto da operai cui si levava il pane quotidiano, o cercare di porre un rimedio immediato a una situazione che poteva diventare presto veramente drammatica?

La scelta era evidente: intervenire per sanare, in qualche modo, la situazione.

Come?

Ebbi un'idea felice: prendere un milione da San Proculo e destinarlo alle Cure!

Se il problema stava nel trovare subito un finanziamento ecco intanto il primo inizio di esso: un milione io; e gli altri milioni? Pensai: Firenze è capace di trovarli subito; e mi venne – la sera di lunedì verso le ore venti – l'idea della sottoscrizione!

Con questo milione e con questa sottoscrizione lo sblocco della situazione cominciava ad operarsi: il martedì ebbi colloqui chiarificatori col Presidente del Tribunale e col giudice delegato – ai quali va la gratitudine viva della città per quanto essi hanno fatto con saggezza e con amore in questa circostanza – ; ebbi colloqui anche coi liquidatori. La situazione era evidente: – gli operai non avrebbero consentito a sgombrare pacificamente la fabbrica senza la sicurezza di rientrarvi subito dopo, ad altro titolo: per raggiungere questo intento [righe cancellate] non c'erano che due vie: o quella di un accordo immediato fra le parti (cooperativa e liquidatori): e questo accordo immediato non era fisicamente possibile: o quello della requisizione!

E' chiaro allora che io dovevo battere questa seconda via.

Fu quello che feci.

La mattina di mercoledì 15 febbraio gli operai sgombravano la fabbrica ottemperando così al disposto del magistrato: ma dopo due ore la fabbrica – che il Tribunale aveva riconsegnato ai liquidatori – era requisita e gli operai vi rientravano in piena legalità: la fabbrica veniva immediatamente rimessa in efficienza e così il ritmo del lavoro tornava in essa, portatore di pace e di speranza.

Capitolo chiuso? Si credeva: ed invece si apriva un capitolo denso di polemiche e di risonanza, in Italia e all'estero: i grandi quotidiani italiani ed esteri (fra questi basti citare le ampie vivaci corrispondenze dei quotidiani di Parigi – Le Monde, Figaro – e di New York – New York Times) si impadronirono di questo fatto facendone il perno di una polemica economica e giuridica.

Devo subito dirvi che le adesioni vaste e cordiali non sono mancate in ogni parte d'Italia e degli altri paesi.

Ed è chiaro che sia così: perché ormai la difesa del lavoro è diventata la pietra d'angolo di ogni edificazione sociale nuova: l'avvenire è tutto in questa direzione!

Quanto alle critiche che sono state mosse, io non ho che da dire due cose: 1) che è infondata la critica giuridica, per le ragioni che innanzi vi ho indicato; 2) che è infondata anche la critica economica, imperniata tutta sui vecchi ed incontrollati slogano dell'economia di mercato, della libera concorrenza, dell'iniziativa privata e così via! Quando sento dire queste cose e le vedo scritte provo un senso profondo di amarezza! Sono frasi ripetute senza motivazione! [righe cancellate]. Frasi che ignorano i giganteschi mutamenti e progressi – teoretici e pratici! – cui è stata sottoposta l'economia del mondo intero in questo ultimi 30 anni: dico l'economia dei paesi occidentali: americana, inglese, tedesca e così via!

Signori, non è qui certo il caso di affrontare simili temi: volevo solo farvi cenno di questi problemi rispetto ai quali tutti coloro che hanno funzione dirigente – politica, economica, amministrativa, – sono tenuti a prendere una consapevolezza sempre più approfondita.

Comunque, Signori Consiglieri, si [illeggibile] in modo fermo e preciso che gli interessi del lavoro a Firenze saranno sempre affrontati alla luce dei principi [illeggibile] più veri: in base ad essi le parole licenziamento, chiusura, assumono un significato di ben altro valore che quello comune!

Ed ora, tornando alle Cure, voi cosa chiedete: – l'esperimento [illeggibile] andrà avanti? Sarà un esperimento felice? Ed io vi rispondo: – perché dovrebbe essere diversamente?

Il lavoro c'è, essendovi le commesse; l'affitto è stato proporzionato alle possibilità (200 mila lire mensili al posto dei 2 milioni della passata gestione); le spese sono ridotte al minimo; c'è una direzione tecnica e amministrativa ordinata; perché non si dovrebbe andare avanti [illeggibile]?

Mi direte: – e il capitale iniziale di esercizio?

Signori, qui dovete permettermi una constatazione dolorosa: avevo chiesto agli industriali di Firenze ed ai banchieri di Firenze 15 milioni per questo capitale di esercizio delle Cure: posso dire di non avere avuto da essi quasi nulla! Perché i dieci milioni circa che la sottoscrizione ha fruttato sono dovuti in gran parte o a denaro non proveniente dagli industriali di Firenze (tranne due che vogliono restare anonimi) o a piccole offerte, di immenso valore spirituale ma di poco peso finanziario.

Signori, voi me la permetterete una riflessione amara su questo tema!

Ma come: ho portato a Firenze più di 12 miliardi di investimenti diretti (oltre quelli indiretti): questi 12 miliardi sono diventati oltre che salari degli operai e stipendi degli impiegati utili industriali nei bilanci delle imprese fiorentine: imprese edili, metalmeccaniche, di trasporti, artigianali, finanziarie; sono diventati utili di migliaia di piccoli commercianti; utili di albergatori; utili spesso favolosi di proprietari di aree fabbricabili e così via!

Signori, 12 miliardi sono 12 mila milioni.

Ebbene, ditemi: è giusto che non abbiate trovato tra questi 12 mila milioni 15 milioni per aiutare la ripresa di una azienda con 100 operai?

Infine, si tratta dei vostri stessi interessi, perché questa azienda viva significa almeno altri 150 milioni all'anno che vengono immessi nelle voci attive del bilancio economico di Firenze!

E, Signori, non voglio qui ricordare le voci attive – per molti miliardi – che questo bilancio presenta in virtù dell'azione ferma da noi esplicata affinché non si chiudessero aziende aventi le dimensioni della Pignone e di altre che per delicatezza non nomino!

Ed oltre a ciò quanti interventi, in momenti drammatici, ho fatto per sanare certe situazioni industriali!

Quindici milioni: sembra cosa quasi surreale dire che non si sono trovati quindici milioni per dare nuovo impulso di vita ad una industria che è fonte di lavoro e di reddito per operai, per commercianti e per industriali!

Signori, siamo tuttavia sempre in tempo: posso capire anche il ritardo frapposto a causa delle incertezze della situazione; ma ora la situazione è chiarita; l'accordo è raggiunto; la derequisizione è fatta; ora sono certo che questi quindici milioni sbucheranno con estrema celerità e daranno così sicurezza e stabilità alla attività produttiva di questa antica ed affaticata fonderia fiorentina delle Cure.

Signori Consiglieri, ho finito: alla domanda posta all'inizio la risposta sinora non può che essere una sola, senza equivoci: meritava fare quello che si è fatto!

L'operazione cure è operazione pienamente fondata e pienamente riuscita: è fondata economicamente, è fondata socialmente, politicamente, [illeggibile], storicamente: essa non è altro che la manifestazione un po' [illeggibile], se volete, di un principio che sta a fondamento di tutto il nostro ordinamento giuridico e politico quale la Costituzione ce l'ha disegnato; di un principio radicato nella natura umana; alimentato dalle fonti vive della Grazia e dell'Evangelo e riaffermato vigorosamente nell'ultimo messaggio di Pio XII: il principio secondo cui non l'uomo è fatto per il sistema economico, ma i sistema economico è fatto per l'uomo.

Ed a questo principio noi – [illeggibile] il passato – ci ispireremo con tutta fermezza anche nell'avvenire.

Grazie, Signori Consiglieri, per la collaborazione che avete prestato anche in questa circostanza: infine voi ed io – senza distinzioni di sorta – non desideriamo che una sola cosa: che a tutti i figli di questa nostra dolce Firenze sia assicurato ciò che è essenziale alla loro esistenza di ogni giorno: il lavoro, il tetto, la Grazia e [illeggibile]!

Un fallimento comunque inopportuno, non necessario, Signori Consiglieri, come risulta da questa lettera che l'amico Montini –

uomo di capacità unica in questo tempo! – ebbe la bontà di scrivermi!

(lettera di Montini)

Allegato 10: Ordinanza di requisizione Azienda del Gas del 24.4.1952

COMUNE DI FIRENZE – IL SINDACO

Constatato che è stato dichiarato lo sciopero dei lavoratori gasisti per cui la cittadinanza rimarrà priva di gas per tutto il periodo dello sciopero;

Tenuto presente che l'adozione di questo combustibile è generalizzata per uso domestico in quasi tutte le famiglie ed in special modo in quelle meno abbienti, e che a causa delle gravi difficoltà che sorgono per la sostituzione del gas con altri mezzi combustibili, si manifesterà indubbiamente quello stato di disagio conseguente alla mancata erogazione del gas, disagio che avrà gravissima ripercussione su l'ordine e sulla sicurezza pubblica e determinerà inoltre pericolo per la incolumità cittadina;

Rilevato che trattasi di un servizio a carattere pubblico, gestito dalla Società del Gas per concessione del Comune e che per i motivi sopra detti l'Amministrazione comunale non può disinteressarsi della situazione che si verifica, ma che anzi deve prendere le più opportune misure per evitare i gravi inconvenienti che ne derivano specie se la sospensione debba prolungarsi per un periodo indeterminato;

Ritenuto che l'intervento del Comune va spiegato nell'esclusivo interesse della cittadinanza e non a favore dell'una o dell'altra delle parti in conflitto, delle quali restano impregiudicate le ragioni e le responsabilità;

Ritenuto altresì che la Società concessionaria non ha interesse di opporti alla gestione provvisoria, che ha solamente lo scopo di scongiurare i deprecati disagi alla popolazione e gli eventuali gravi inconvenienti di ordine e di incolumità pubblica;

Considerato che quando un servizio pubblico viene sospeso la pubblica amministrazione ha sempre il diritto, anzi il dovere, di intervenire previa, se nel caso, la revoca della concessione, sia nel caso che la sospensione del servizio sia dovuta ad inadempienze imputabili al concessionario e sia in qualsiasi altro caso di impossibilità obiettiva a continuarlo, come da costante giurisprudenza, e per tanto non potrà mai mettersi in dubbio la potestà di assumere la gestione provvisoria dell'azienda fino a che la causa della sospensione dei lavoro non sia stata eliminata;

Letti ed applicati gli art. 153 della Legge Comunale e provinciale 4 febbraio 1915 n. 148 ed i nn. 7 ed 8 della legge 20 marzo 1865 n. 2248 all. E;

ORDINA

1°) – La presa in consegna da parte del Comune della Azienda del Gas di Firenze, con tutte le sue attrezzature, in essa compresi gli uffici, gli stabilimenti, i depositi e magazzini con tutte le materie prime in essi contenute e necessarie per la fabbricazione ed erogazione del gas;

2°) – Di provvedere d'ufficio in sostituzione e per conto della locale Società concessionaria, alla produzione, distribuzione e fornitura del gas nel Comune di Firenze dalle ore zero del giorno 24 aprile corrente anno 1952 a meno che non si trovi, d'accordo con l'Azienda stessa, una soluzione che assicuri ai cittadini il servizio del gas fino a quando non sarà conclusa la vertenza fra i datori di lavoro e i lavoratori gasisti;

3°) – Durante tale periodo viene assunta in economia dal Comune, la gestione per conto e in nome della Società del Gas, con le stesse norme in uso presso l'Azienda stessa, e possibilmente sotto la direzione e con le medesime maestranze che attualmente sono alle dipendenze della Società concessionaria e sotto il controllo di uno o più delegati del Sindaco fra cui dovrà esserci un funzionario di ragioneria del Comune;

4°) – Di procedere alla redazione di un regolare stato di consistenza;

5°) – I vigili urbani e gli agenti della forza pubblica sono incaricati dell'osservanza e della esecuzione della presente ordinanza.

Di Palazzo Vecchio, il dì 24 aprile 1952 IL SINDACO

Allegato 11: Ordinanza di requisizione Azienda del Gas del 20.5.1954

COMUNE DI FIRENZE – IL SINDACO

Constatato che è stato dichiarato lo sciopero dei lavoratori gasisti per cui la cittadinanza rimarrà priva di gas per tutto il periodo dello sciopero;

Tenuto presente che l'adozione di questo combustibile è generalizzata per uso domestico in quasi tutte le famiglie ed in special modo in quelle meno abbienti, e che a causa delle gravi difficoltà che sorgono per la sostituzione del gas con altri mezzi combustibili, si manifesterà indubbiamente quello stato di disagio conseguente alla mancata erogazione del gas, disagio che avrà gravissima ripercussione sull'ordine e sulla sicurezza pubblica e determinerà inoltre pericolo per la incolumità cittadina;

Rilevato che trattasi di un servizio a carattere pubblico, gestito dalla Società del Gas per concessione del Comune e che per i motivi sopra detti l'Amministrazione comunale non può disinteressarsi della situazione che si verifica in conseguenza dello sciopero, ma che anzi deve prendere le più opportune misure per evitare i gravi inconvenienti che ne derivano;

Ritenuto che l'intervento del Comune va spiegato nell'esclusivo interesse della cittadinanza ed ha solamente lo scopo di scongiurare i deprecati disagi della popolazione e gli eventuali gravi inconvenienti di ordine e di incolumità pubblica;

Considerato che quando un servizio pubblico viene sospeso la pubblica amministrazione ha il dovere di intervenire previa e che pertanto non potrà mai mettersi in dubbio la potestà di assumere la gestione provvisoria dell'azienda fino a che la causa della sospensione dei lavoro non sia stata eliminata;

Letti ed applicati gli art. 153 della Legge Comunale e provinciale 4 febbraio 1915, n. 148 ed i nn. 7 ed 8 della legge 20 marzo 1865, n. 2248;

ORDINA

1 – che il Comune prenda provvisoriamente possesso dell'Azienda del Gas di Firenze, con tutte le sue attrezzature, in essa compresi gli uffici, gli stabilimenti, i depositi e i magazzini con tutte le materie

prime in essi contenute e necessarie per la fabbricazione ed erogazione del gas;

2 – che il Comune stesso provveda, in sostituzione e per conto della locale Società concessionaria, alla produzione, distribuzione e fornitura del gas nel Comune di Firenze dalle ore 24 del giorno 20 maggio 1954;

3 – che durante tale periodo la gestione venga assunta in economia dal Comune per conto e in nome della Società del Gas, con le stesse norme in uso presso l'Azienda stessa, avvalendosi del personale attualmente alle dipendenze della Società concessionaria e sotto la vigilanza di uno o più delegati del Sindaco fra cui dovrà esserci un funzionario di ragioneria del Comune;

4 – che si proceda alla redazione di un regolare stato di consistenza;

5 – I Vigili Urbani e gli Agenti della Forza pubblica sono incaricati dell'osservanza e della esecuzione della presente ordinanza.

Di Palazzo Vecchio, il dì 24 maggio 1954 IL SINDACO

6. Bibliografia

FOIS SERGIO – "Il principio di legalità", in *Enciclopedia del diritto* – Giuffè, 1973.

MORTATI C. – *Istituzioni di diritto pubblico* – Cedam, 1952.

DE SIERVO U. – "I principi fondamentali della Costituzione", in *Dizionario del Movimento Cattolico in Italia* – Marietti, 1981.

Voce "Requisizione", in *Nuovissimo Digesto.*

TOMMASICCHIO T. – *Massimario dell'espropriazione per pubblica utilità e della requisizione.*

MASSIMARIO del Consiglio di Stato 1950–1955.

ROTELLI E. – *Tendenze di amministrazione locale nel dopoguerra* – Il Mulino.

BALLINI P. L. – "La Democrazia Cristiana", in E. Rotelli, *La ricostruzione in Toscana dal CLN ai partiti* – Il Mulino, 1981.

GALLI GIORGIO – *Storia della DC* – Editori Laterza, 1978.

DI LALLA M. – *Storia della Democrazia Cristiana* – Marietti, 1981.

AUTORE IGNOTO – *Una testimonianza cristiana* – Lef, 1956.

RIVISTA *Testimonianze* – Giorgio La Pira – Firenze, 1978.

GALLI GIANNI – *...ha difeso la Pignone* – Lef, 1985.

BOCCHINI CAMAIANI B. – *Ricostruzione concordataria e processi di secolarizzazione* – Il Mulino, 1983.

FANFANI A. – *Giorgio La Pira* – Rusconi, 1978.

POZZANA GIUSEPPE – *Tra pubblico e privato: storia della centrale del latte di Firenze e Pistoia* – Firenze, 1985.

RIVISTA *STUDIUM* – anni 1947–1948 – Roma.

RIVISTA *COSCIENZA* – del gennaio 1948.

Giornale *IL MATTINO* – anni dal 1951 al 1956.

Giornale *LA NAZIONE* – anni dal 1951 al 1956.

CASALI A. – "La stagione centrista e il Lapirismo", in G. Spini – A. Casali, *Firenze* – Editori Laterza, 1985.

BARGELLINI PIERO – *La splendida storia di Firenze*, vol. 4°, capitolo su “La città degli incontri” – Vallecchi Editore, 1964.

Quarta di copertina

Sono tante e contrastanti le espressioni con cui viene fatto riferimento della fede di Giorgio La Pira, da quelle che profeticamente lo qualificano come il "Sindaco Santo" (del quale del resto è in corso la causa di beatificazione), a quelle sarcastiche: il suo essere uomo di fede è stato spesso oggetto di ironia, non sempre a bassa voce, fino a suggerire che alcune *decisioni epocali* del primo cittadino di Firenze, come la requisizione di case e fabbriche in un'Italia orientata al liberismo, fossero costantemente precedute ed accompagnate dalla preghiera e dalla profonda convinzione di fare la volontà di Dio.

Ebbene, pur essendo questa una nota di valore, di cui La Pira si sarebbe compiaciuto, e non di scherno, il libro dimostra, grazie a un lavoro di ricerca storica di atti e documenti che fino al momento della pubblicazione nel 1987 erano inediti, che La Pira requisiva con grande cognizione del diritto e delle istituzioni, tanto che le cause intentate contro le sue requisizioni non hanno mai avuto esito negativo per il sindaco il quale, evidentemente, sapeva fare un buon uso laicamente razionale della legge.

Oggi, a 35 anni dalla morte, mentre il mondo è attanagliato da una grave crisi economica, e la politica sembra perdere il senso dell'orientamento mostrando i limiti dell'assenza di un forte ancoraggio etico e di una visione strategica nel governo della *res publica*, impressiona la chiarezza di vedute e il convincimento che essere sindaco della *Gerusalemme d'Europa* significasse dover svolgere una missione non solo per gli abitanti della città, ma per il mondo.

Ugo Di Tullio

Ugo Di Tullio (1959) napoletano di nascita e fiorentino di adozione, vive e lavora in Toscana, pur girando molto per l'Italia. Dopo un passato caratterizzato da esperienze professionali e saggistiche su tematiche giuridico–istituzionali, da alcuni anni si occupa di cinema, prima come amministratore di Fondazioni pubbliche, poi come C.E.O. della *Italy Film Investments* e come docente di *Organizzazione dello spettacolo cinematografico* all'Università di Pisa. Il saggio su *Le requisizioni di Giorgio La Pira* è stato il suo primo libro, cui sono seguiti *Verso la seconda Repubblica?* (Omnia, Firenze, 1989), *Verso la prima Repubblica?* (Omnia, Firenze, 1993) e *Nuove tecnologie sulle vie dell'arte* (Firenze 2007). Di rilievo anche la cura di una collettanea su *L'agonia mediatica di Giovanni Paolo II* (numero 53 di *Religioni e Società*, settembre-dicembre 2005). Numerosi gli interventi in libri, riviste e convegni sulle questioni della cultura, della politica e delle donne.

www.ingramcontent.com/pod-product-compliance
Lightning Source LLC
LaVergne TN
LVHW041046150826
845672LV00001B/496

* 9 7 8 8 8 9 7 5 2 7 0 5 3 *